월급으로 내 집 장만하기

월급으로 내 집 장만하기

이하나 지음

무한

프롤로그

나는 주로 서울 강남에서 활동하던 공인중개사였다. 이후 어떠한 계기로 근무지를 옮겨, 대한민국 금융의 중심이자 한국의 월가, 여의도에서 직장생활을 하며 부동산 투자를 해왔다. 그리고 나 자신 외의 타인 소유 부동산도 조언해주고, 관리해왔다.

지난 10년간 나는 '공인중개사, 평범한 직장인, 부동산 투자자, 임대인, 부동산 관리자' 이 5가지 역할을 다 해볼 수 있었다. 아마도 이러한 다양한 경험을 가지고 있는 이도 드물 것이다.

많은 사람들이 평범한 직장인으로서 소처럼 개미처럼 묵묵히 하루하루를 살고 있다. 그리고 현실과는 꽤 멀어 보이는 '내 집 한 채 장만'에 대해 이렇게 이야기한다.

"내 집 장만? 야, 지금 나한테 집은 사치야, 하. 꿈나라 같은 이야기이지."

세상은 평범한 직장인으로서 내 집 한 채 갖는 것에 대해 '사치'라고, 혹은 '말도 안 되는 꿈나라 이야기'라고 너무 쉽게 치부해버린다. 그러나 내가 해보니, 그런 말들은 다 틀린 말이었다. 나는 그런 세상의 편견은 틀린 것이라고, 이 책을 통해 많은 사람들에게 꼭 알려주고 싶었다.

그리고 미리 말씀드리고 싶지만, 이 책은 시중에 넘쳐나는 부동산 투기를 조장하거나 그 방법 관해 알려주는 책이 아니다. 현재 많은 사람들이 그토록 염원하는 내 집 장만을 위해 꼭 알아야 하는 내용과 방법을 생생하게 담아냈다.

참고로 이 책에 소개된 내용 중 '억'이라는 단위는 없다. 일반적으로 평범한 직장인들에게 '억(100,000,000)'이라는 단위, 이 동그라미가 8개인 숫자는 너무나 머나먼 숫자라는 것을 잘 알고 있다. 그래서 부동산 책이지만, 과감하게 억 단위의 내용을 모두 제거했다. 그렇게 해도 부동산에 대해 이야기할 자신이 있기 때문이다.

또한 기존의 재테크 책들처럼 종잣돈을 어서 모아야 하고, 종잣돈 없이는 아무것도 할 수 없다며, 종잣돈만을 절대적으로 신성시하는 내용도 없다. 종잣돈이 중요하다는 말은 누구나 할 수 있는 말이기 때문이다. 누구나 할 수 있는 말을 굳이 내 책에 적어 독자들에게 읽히고 싶지는 않다. 그렇다고 지금 당장 지갑에 있는 만원짜리 몇 장으로, 내일모레 평당 1억에 가까운 고급 주택을 살 수 있다는 허황된 내용도 없다. 그러한 일은 불가능하기 때문이다.

이 책을 통해 말하고 싶은 것은 평범한 직장인들에게 본인들은 잘 모르는 샐러리맨의 장점을 알려주는 것이다. 그리고 이 장점만으로도 작게나마 내 집 장만을 어렵지 않게 할 수 있다는 것을 알려 주고 싶다. 이것은 내가 경험했던 일이며, 내가 해냈던 이야기이다. 내가 해냈기 때문에 다른 이들은 더 잘할 수 있도록, 고생하지 않도록 북돋아 주고 싶은 마음이다.

끝으로 이 책이 세상에 나올 수 있도록 도와주신 나의 멘토 '한책협' 김태광 대표님, 임원화 코치님, 허지영 코치님에게 진심으로 감사함을 전하고 싶다. 아울러 나의 원고를 멋진 책으로 만들어주신 도서출판 무한의 손호근 사장님, 이금석 사장님, 아름다운 목소리의 박수진 편집자님에게도 감사의 인사를 드리고 싶다. 그리고 늘 끊임없는 용기를 주는 우리 가족에게도 감사드린다.

부디 이 책이 부동산에 대한 많은 이들의 편견을 없애기를, 그리고 동시대를 살아가는 청춘들에게 위로가 아닌 희망을 줄 수 있기를 기원한다.

-2017.10.14.

청명한 가을 하늘을 바라보며

이하나

CONTENTS

2장

금수저가 아니면 지금 당장 부동산 공부하라

3장

우주에서 가장 쉬운 부동산 투자

4장

20대 청춘을 위한 부동산 재테크 10계명

5장

20대, 월급으로 내 집 한 채 갖기

내 집

PART 01

나도 처음에는 평범한 회사원이었다

01

나도 처음에는 평범한 회사원이었다

나는 서울에서 근무하던 공인중개사였다. 하지만 사실 명동/여의도 증권가나 재무, 재경(財經)쪽에 관심이 더 많았다. 부동산중개사무소도 직접 차려봤지만, 당시 흥미도 없었을 뿐더러 내가 사랑하는 여의도에 대한 동경과 흠모는 사그라지지 않았다. 그래서 부동산 업계를 떠나 여의도에 오게 되었다.

그리고는 H모 금융그룹 증권사에 들어가게 되었다. 신기하게도 내가 그동안 관심이 많던 장외파생 쪽에서 일을 하게 되었다. 사실 전공과도 많이 다르고, 내가 맡은 업무가 대단한 일은 아니었지만 그래도 행복했다. 책상마다 다닥다닥하게 붙어있는 6~8개 모니터를 늘 볼 수 있는 사무실 풍경도 좋았다.

그 후 외국계 회사로 옮겨와서는 재무팀(Treasury)에서 일하게 되었는데, 이곳도 정말 신기하게도 내가 그동안 동경해오던 부서였다. 어릴 적 어렴풋하게 기억하지만, 어떤 영화의 한 장면이 있었다. "예, 팀장님 XX만 달러 입금 방금 확인되었습니다!"라며 진지하게 업무보고를 하는 평범한 장면이었는데, 뭐랄까 아마도 이때부터 나는 재경 부서에서 일하는 사람들을 동경해온 것 같다. 그런데 실제로 내가 그 부서에 들어가서, 어릴 적 본 그 영화 장면처럼 외화 등의 업무를 배울 수 있었다! 지금 와서 생각해보건대, 나는 내가 해보고 싶은 업무는 두루두루 다 거쳐 온 것 같다.

또 여의도에 있으면서 가장 행복했던 것 중에 하나는 우리나라 금융업계를 좌지우지하는 훌륭하신 분들을 직접 알현할 기회가 많았다는 것이다. 뉴스 인터뷰로나 볼 법한 분들을 만나 그들이 주는 메시지 혹은 행동, 업무 태도 등을 직접 볼 수 있는 기회는 감동 그 자체였다. 나에게는 그들이 동방신기이고, 빅뱅이고, 엑소였다.

나는 성공한 사업가 혹은 자신에 분야에서 최고가 되신 분들과 이야기하고 그들의 이야기를 듣는 것을 좋아한다. 또, 그런 분들을 만나면 초면이라도 용기 내어 "어떻게 그 자리까지 가셨습니까?"라는 질문도 꼭 한다. 지금 생각해보면 신기하게도 그런 분들을 꽤 많이 만났고, 또 호기심 어린 질문을 할 수 있는 용기와 행운도 있었던 것 같다.

많은 분들이 있지만 가장 기억에 남는 분들은 로저스홀딩스 짐 로저스 회장, GE 이은화 상무와 하나금융투자증권 홍용재 전무, 지니에셋 이호창 대표 등이 계셨다. 이분들은 그리 화려하거나, 긴 말은 아니지만 내게 귀한 말씀들을 많이 들려주셨다.

2015년 12월 월가의 전설 짐 로저스 회장은 대치동에서 한국인들에게 투자와 관련하여 조언을 해주셨다. 그가 강연을 한 박람회에 나도 참석했는데, 당시 중국에 주식 투자를 하고 애태우는 어떤 여성분에게 "모르면 투자하지 마라. 어깨를 잡아 흔들며 말리고 싶다. 모르면 투자하지 마라"라고 조언해주신 말씀이 아직도 생생하다. 그만큼 투자를 할 때는 "공부하고, 알고 나서 하라"는 그의 메시지가 아직도 머릿속에서 지워지지 않는다.

GE의 이은화 상무에게서는 여성으로서 CFO(최고재무관리자)라는 자리에 오르기까지 어려웠던 점, 아쉬웠던 점, 부족했던 점을 경청할 수 있었다. 그녀는 특히 업무에 파묻혀서 새로운 사람을 만나는 것이 피곤하다고 해서, 늘 본인이 속한 포지션 그룹의 사람들만 만나고 어울려서는 안 된다고 조언했다. 예를 들면 본인이 재경 쪽에 있는 사람일지라도 건축, 예술, 환경 등등 전혀 교집합이 없을 것 같은 부류의 사람들과도 만나 이야기하고 밥을 먹으며 사귀라고 조언했다. 늘 만나는 사람들과만 만나고, 다른 분야의 사람들과의 접촉이 없어지면 늘 비슷한 사고만 하게 되고 결국 자기 발전에 저해된다는 것이었다. 다른 분야의 사람과 적극적으로 만나 다른 생각이나 신선한 영감을 얻으면, 본인이 담당하는 업무에서도 시너지를 극대화할 수 있다는 점을 배울 수 있었던 시간이었다.

하나금융투자증권 홍용재 전무는 나의 보스의 보스이셨던 분이었다. 나는 어느 날, 어떤 남자직원이 홍용재 전무에게 질문하는 광경을 본 적이 있었다.

"상무님께서는 어떻게 그 직위에까지 오를 수 있으셨나요?"

"좋은 사람들을 많이 만나서."

흔할 수 있는 짧은 겸손한 대답이었지만 나는 아직도 그분의 대답이 오래도록 기억에 남아있다. 보통 그런 상황에서는 농담으로 으스대는 분들도 있고, 혹은 본인이 그 자리에 오르기까지 고생한 스토리를 장시간 연설하시는 분들도 있다. 하지만 '좋은 사람들을 많이 만나서라니' 좀 의외고 신선한 충격이었다. 자신이 그 자리에 오기까지의 덕을 주변 동료로 돌리는 그를 보고 '나도 나중에 꼭 저런 어른, 저런 상사가 돼야지'라는 마음을 갖게 되었다.

지니에셋의 이호창 대표는 과거 나의 보스, 팀장님이셨다. 사실 이호창 대표는 나에게는 하늘과 같은 상사였기 때문에, 나는 감히 말도 잘 건네지 못하고 쭈뼛쭈뼛하는 막내 직원에 불과했다. 그런 그와 최근에 같이 점심을 할 기회가 있었다. 생각보다 소탈하고 유머러스하신 분이란 걸 새삼 느낄 수 있는 자리였다. 점심식사 중에 그분이 내게 해주신 말 중에 "모든 것은 순리대로"라는 말이 있었다. 세상일은 무엇이든 억지로 해서는 안 되고 순리대로 해야 한다는 옛 성현의 가르침은 익히 배워 알고 있었지만, 그의 조언으로 리마인드하는 기회가 되었다. 무언가 하고 싶어 안달복달하는 마음이 있었는데, 다시 한 번 더 나의 조급함을 반성하고 차분히 고민할 수 있게 해주는 귀한 조언이었다.

여의도에 있으며 이런 조언을 얻거나, 귀감이 될 만한 분들을 뵐 수 있다는 것은 나로 하여금 꽤 행복하게 했다. 나는 매일 아침 발 아래로 한강이 내려다보이고, 여의도 공원을 굽어볼 수 있는 여의도 생활에 만족하는 직장인이었다. 하지만 좀 더 돈을 벌고 싶었다. 내가 원하는 수입을 벌자니, 한 20년은 기다려서 임원이나 돼야 받을 수 있는 급여라는 것을 알게 되었다. 나에게는 너무나 긴 시간이었다. 말이 좋아 20년이지 '오륙도'다, '사오정'이다 하는 세상에 정년을 채울지도 미지수였다.

게다가 한때 계약직 직원을 경험한 내 인생은 꽤 비참하기까지 했다. 잠깐이기는 했지만 저임금으로 살아가며, 미래가 불투명하다는 것이 무엇인지 통감할 수 있었다. 그렇게 미래가 불투명하니 뭐라도 해야겠다 싶어서, 회사를 다니며 푼돈을 모으고 카드를 긁어 창업마련 비용에 올인을 하기도 했다. 하지만 결과는 엉망이었다. 그렇게 모아놓은 푼돈도 사라져갔다. 부모님의 비난도 감수해야 했다. 또 사업한다고 만들어놓은 빚을 탕감하기 위해 한동안은 다른 생각은 안 하고 일에만 전념했다.

한 번은 이런 내 인생이 너무 싫어서 점을 보러 가기까지 했다. 당시 신논현역에서 점을 봐주셨던 스님이 나는 부동산업으로 진로를 정해 나가야 하니 부동산 공부를 해보라고 했다. 나는 비웃었다. 부동산이 싫어서 그 세계를 나온 나에게 다시 컴백을 하라니. 정말 이지 싫었지만, 뾰족한 수가 없었다. 그렇다고 이렇게 빚이나 열심히 갚으며 계약직 직원으로 살기는 정말 싫었다. 어찌됐든 그의 인생 상담을 다 듣고, 발길 닿는 대로 걷다가 터덜터덜 강남 교보문고에 들리게 되었다. 그리고 부동산 책 한 권을 샀다. 책의 내용은 쉬웠다. 명색이 강남 공인중개사 출신 아닌가. 그리고 그때 나는 마음을 먹었다. 내가 잘 아는 '부동산'으로 승부를 보기로.

02

'영어공부'는 월급을 위한 공부다

셀러던트(Saladent). 얼마 전 매일경제신문을 보다가 접한 단어이다. 네이버 포털사이트 시사상식사전에는 셀러던트에 대해 다음과 같이 자세히 설명하고 있다.

셀러던트 직장을 다니고 있지만 경쟁사회에서 살아남기 위해 새로운 분야를 공부하거나 자신의 업무와 관련된 분야에서 전문성을 높이기 위해 지속적으로 공부해야 하는 직장인의 모습.

긍정적으로 보면 자기계발을 위해 끊임없이 노력하는 현대사회의 직장인으로 해석할 수 있다. 그러나 한편으로는 치열해진 경쟁사회에서 도태되지 않기 위해 끊임없이 공부해야 하는 직장인의 씁쓸한 현실을 반영한 모습이기도 하다.

사실, 순수한 의미의 자기계발은 이미 오래 전 사라졌다. 자의 반 타의 반 경쟁에 내몰리는 직장인들에게 자기계발은 몸값과 직결된다. 직장에서 번 돈을 고스란히 재교육에 쏟아붓다보니 직장인 대상 교육시장은 입시 사교육시장에 맞먹는 '제2의 사교육시장'으로 불릴 정도라고 한다. 이처럼 자기계발 경쟁에 내몰리다보니 직장인들의 '저녁'도 사라진지 오래다. 근로복지공단에서 운영하는 근로자지원프로그램에는 과도한 자기계발 부담을 호소하는 직장인들의 상담이 폭주한다고 한다.

새벽에는 영어회화수업을 듣고, 퇴근 후에는 사내경영혁신프로그램 이수 및 영어 복습을 하고, 주말에는 모자란 잠을 보충하며 오후에는 중국어능력시험 준비를 한다. 이것이 이 시대를 살아가는 직장인들의 패턴이다. 이러다가는 직장인이 아닌 '학자'가 될 기세이다. 정말, 평생 공부만 하다가 인생이 끝날 판이다.

《논어》 학이 편에는 이러한 글귀가 있다. 너무나 유명한 구절이다.

學而時習之이면 不亦說乎아
학이시습지 불역열호

배우고 때때로 익히면 이 또한 기쁘지 아니한가.

나는 직장인들에게 묻고 싶다. 정말 이러한 각종 영어공부 등 자기계발 공부가 기쁜지를. 아니, 들인 시간과 노력에 비해 응당한 대우를 받고 있는지를. 인생은 Input 대비 Output이다. 영어공부에

쏟은 시간만큼 많은 것을 얻었는지. 고작 토익점수 몇 점 올린 것 외에, 소득이 눈에 띄게 감동적으로 늘었는지. 아니면, 자산의 규모가 커졌는지. 아마, 영어와 직접적으로 관련된 직군이 아닌 이상, 내 질문에 긍정적인 답변을 할 직장인은 거의 없을 것이다.

우리는 조금 더 젊은 나이에 부를 쌓아 누리고 살아야 한다. 영어공부도 좋지만, 사실은 '직접적으로 자산과 관련된 공부'를 해야 한다. 그러기 위해 실질적으로 재테크에 관련된 공부를 해야 하는 것이다.

그렇다면 재테크가 될 만한 자산 중에 무엇이 있을까. 부동산 외에도 주식, 채권, 원자재 등등 여러 가지가 있다. 우리는 그중에 본인과 가장 잘 맞는 종목을 우선적으로 정해 공부해야 한다.

나는 예전에 주식을 공부한 적이 있다. 예전 직장이 증권회사이기도 했지만, 사실 그 이전부터 증권가에 대해 환상이 있었기 때문에 주식에 대한 관심이 많았다. 재밌는 상상이지만, 나는 어릴 적에 어렴풋이 '나는 주식과 부동산 두 가지를 가지고 노는(?) 멋진 사람이 되고 싶어'라는 생각을 때때로 하기도 했다.

당시 나는 주식공부를 배우기 위해 강남 삼성동에 있는 모 아카데미에 다녔다. 아마 지금은 없어졌을 수도 있는데, 그곳은 소위 증권가에 이름난 개미투자자가 차린 아카데미였다. '나랑 몇 살 터울도 안 나는 사람이 개미투자자로 저렇게 승승장구라니'라며 존경하는 마음이 컸다. 그리고 그곳에서 가르쳐주는 대로 열심히 주식 공부를 했다.

그 뿐만 아니라, 서점에서 주식과 관련된 서적들을 사와 탐독하곤 했다. 그리고 나름 소액으로 투자도 해보았다. 재미는 있었다. 낮은 가격에 매수해서 나름 내가 산 가격보다 높은 가격에 매도를 걸어놓고 기다렸다. 매수세가 강하게 들어오는 날 사람들이 '와!!' 하며 몰려들더니, 어느 새인가 '매도되었습니다'와 같은 조그마한 창이 휴대전화에 뜨고, 주식이 팔려있었다. 그리고는 내가 매도 주문했던 주식이 팔리자마자 매수세가 급격히 줄어들더니, 주식가격이 하한가를 쳤을 때의 느낌은 뭐랄까 아직도 신기하고 짜릿하다. 하지만 종잣돈이 적어서 수익률이 높아도 큰돈은 아니었다. 그래도 군것질 과자값 정도는 벌었던 것 같다.

그때 느낀 것이지만, 주식은 종잣돈이 커야 한다는 것이었다. 물론 어느 자산에 투자하든 종잣돈이 클수록 파이도 커지는 것은 당연하다. 하지만 나는 당시 그런 종잣돈을 구할 곳이 없었다. 은행에 가서 주식하겠다고 돈 빌려달라고 하면 빌려주겠는가. 아니면 부모님께 주식할 테니 돈 좀 빌려달라고 하겠는가. 지금은 어떤지 모르겠지만, 그때만 해도 주식하겠다고 나서면 집안 기둥뿌리 뽑아먹을 녀석이라는 소리를 들을 수가 있었다.

게다가 당시 주식을 처음 배울 때, 세뇌 당했던 제1원칙이 '절대 미수 쓰지 마라'였다. 주식에 유능한 사람은 미수를 써서 흥하기도 한다지만, 나는 그럴 배짱은 없었던 것 같다. 그리고 당시만 해도 나는 하지 말라는 것은 절대 안 하는 참 착한 아이였다.

아무튼 당시 종잣돈이 많지도 않고, 그렇다고 미수를 쓰고 싶지도 않던 나는 주식은 승산이 없는 게임이라고 느꼈다. 그리고 그 외에 금 투자도 해봤는데 재미는 있었다. 역시나 적은 금액으로 했지만 나름 남는 장사를 했었다.

주식은 적은 돈으로도 거래를 할 수 있는 진입장벽이 낮은 재테크라고는 하지만, 실상 위험이 크다. 실물이 없는 자산이지 않은가. 최악의 경우에는 언제 어느 때 상장폐지가 되어 휴지조각이 될지 모르는 자산인 것이다.

하지만 금이나 부동산은 그렇지 않은 것 같다. 부동산은 주식처럼 대출이나 미수를 써서 하지 말라는 원칙도 없고, 오히려 부동산을 사겠다고 나서면 은행 같은 금융기관에서 서로 돈을 빌려주려고 한다. 게다가 주식처럼 언제 어느 때 휴지조각이 된다거나 하는 일은 없다. 최악의 경우 멸실(건물이 소실 또는 파괴되는 것)이 된다고 하더라도 어찌됐든 땅값은 남는다. 땅은 인간이 만든 것이 아니라, 조물주의 작품이기에 심지어 감가상각도 없다.

나는 직장인들이 자기계발의 일환으로 그렇게 열심히 하는 공부가 전 국민의 소망, 내 집 장만과는 그다지 관련이 없다는 것을 말해주고 싶다. 특히 영어의 경우, 철저히 월급을 받기 위한 공부라는 것을 강조하고 싶다. 직장인으로서의 소양은 쌓을 수 있을지언정, 재테크 자산 중에 최고라고 불리는 부동산과는 거의 아무런 관계가 없다. 돈을 벌고 싶다면 직접적으로 돈과 관련된 학문을 배우는 것이 맞다.

03

나는 5포 세대에 동의할 수 없다

모두들 알고 있는 'N포 세대'라는 말이 있다. 2015년을 대표하는 신조어라고 한다. 이는 취업난, 물가상승 등 사회적 압박에 의해 여러 가지를 포기하는 청년세대를 뜻하는 말이다. 이에 앞서 N포 세대의 초시격인 '3포 세대'라는 말이 있었는데, '연애, 결혼, 출산'을 포기한 세대란 뜻이다. 3포 세대가 발전해서 5포 세대가 생기고, 나아가 7포, 9포, N포 세대라는 말이 만들어진 것이다. 요약하면 다음과 같다.

- **3포 세대** 연애, 결혼, 출산을 포기한 세대
- **5포 세대** 연애, 결혼, 출산, 취업, 내 집 장만(주택)을 포기한 세대
- **7포 세대** 연애, 결혼, 출산, 취업, 주택, 인관관계, 희망을 포기한 세대
- **9포 세대** 연애, 결혼, 출산, 취업, 주택, 인관관계, 희망, 건강, 학업을 포

기한 세대
• **N포 세대** 다양하게 많은 것을 포기한 세대

우리 세대는 이제는 뭘 더 어떻게 얼마나 포기하게 될지, 아니 포기해야 할 게 남아는 있는지 모르겠는 절망적인 사회에서 살고 있는 듯하다. 중요한 것은 '헬조선'이라는 이 나라에서, 우리는 어쨌든 살아남아야 한다는 것이다. 이제 더 이상 물러날 곳이 없다. 아프니까 청춘이었을는지는 모르겠지만, 일단 아플 만큼 아팠으니 이제는 반격을 해야 할 때라고 생각한다.

대한민국의 기성세대들은 세계 최빈국 대한민국에서 지금의 대한민국을 이룩했다. 한강의 기적을 보여줬던 그들 세대는 아무리 흙수저 출신이라도 노력하면 잘살 수 있는 세대였다. 현재의 40대 중후반 세대까지만 하더라도 괜찮았다. 그들은 최소 학벌주의가 통하던 시절을 살았다. 좋은 대학교를 나오면 어찌됐든 취직은 되었던 세대이다. 아니, 대학만 나와도 회사에서 서로 모셔가던 시절을 살았다고 한다.

하지만 경제가 좋던 호경기에 태어난 지금의 20~30대 청년세대는 모든 것이 예외인 듯하다. 사회는 고성장하던 시절에 비해 안정되었고, 기득권층은 신분상승의 사다리를 치워버린지 오래다. '개천드래곤'이 자취를 감춘 것은 옛날 옛적이 되어버렸고, 서울에 있는 유명 대학교를 졸업해도 계약직으로 살아야 하는 세대이다.

아마도 우리 세대는 이런 상황에서 무슨 반격을 할 수 있겠냐고 푸념할 것이다. 하지만 연애, 결혼, 출산 같은 다른 것은 몰라도, 최소한 '내 집'만큼은 우리 세대가 포기하지 않았으면 하는 마음에서 이 글을 쓰고 있다. 왜냐하면 세상에서 말하는 것처럼 내 집 장만이라는 것이 그리 어려운 일이 아니기 때문이다.

사실 나는 월세든 전세든 자가 주택이든 크게 중요하지 않다고 생각했다. 애초에 나는 집에 대한 욕심도 없었던 사람이었고, 돈에 대한 욕심도 없었기 때문이다. 그리고 월세로 살면서 삶에 대해 만족하는 분들도 꽤 보았기 때문이다.

하지만 몇 년 전 내가 집을 처음 경매로 낙찰받고, 회사 동료들에게 집을 샀다고 말했을 때 조금 생각이 바뀌었다. 당시 동료들은 같이 기뻐해주고 축하해줬지만, 그들은 내심 내 집 장만을 못한 자신의 상태에 대해 매우 불안하게 생각했다. 몇몇은 나를 질투한다는 것을 느낄 수 있었다. 심지어 나의 상사 중 한 분은 나를 보며, 농담 반 진담 반으로 "그동안 내가 헛산 것 같다"라고까지 말했다. 그는 서울에서 세 손가락 안에 드는 유명대학을 졸업한 임원이었다. 학벌에 대한 자부심이 꽤 넘치는 분이기도 했다.

그때 처음으로 "'내 집'이라는 것은 꽤나 의미 있는 것이구나'라고 느꼈다. 그리고 내가 생각했던 것과 달리 대부분의 사람들은 월세나 전세를 살면서 인생에 만족해하지 않는다는 것을 확연히 알 수 있었다. 그렇지만 그들에게 있어서 집을 산다는 것은 인생 최대의 쇼핑이고, 머나먼 미래 언젠가 쯤에 있을 이벤트라고 생각하며, 그저 하루하루를 열심히 살뿐이었다.

나는 처음 집이란 물건을 경매로 낙찰받았을 당시 계약직 직원에 불과했다. (원래 중국으로 유학 갈 생각을 가지고 있었고, 유학 가기 전까지 잠깐 동안만 직장을 다닐 생각이었다.) 나는 우리 세대의 많은 사람들에게 말해주고 싶다. 집을 사는 것은 돈을 많이 버는 것과는 상관이 없다고. 그리고 돈을 많이 벌어야 내 집 장만을 할 수 있는 것이 아니라고.

그러니, 말하기 좋아하는 세상 사람들이 만든 '5포 세대'라는 말에 기가 죽어서, 내 집 장만을 하겠다는 계획은 허황된 꿈이라며 자신을 정신적으로 학대하는 일은 없었으면 좋겠다. 나는 이 책을 통해 월급 200만원 미만의 직장인도 집을 살 수 있는 방법을 안내하려 한다. 물론 200만원 미만의 월급을 타는 사람에게 내일모레 당장 강남의 꼬마빌딩을 살 수 있다든지, 평당 8000~9000만원 하는 청담동의 고급빌라를 살 수 있다든지 하는 그런 허황된 내용은 이 책에 없다. 부모님의 도움이 있으면 모를까 고랫등 같은 기와집은 절대 살 수 없을 것이다. 하지만 적어도 '방1칸, 거실 하나의 평범한 집 혹은 방2칸, 거실 하나의 무난한 집'을 살 수 있다고 말해주고 싶다. 그리고 그 방법을 이 책에 썼다.

그렇게 조그마한 집을 하나 가지게 되면 재미있는 변화가 생기는데, 신기하게도 어느새인가 자존감이 생긴 자신의 모습을 발견할 수 있다는 것이다. 자존감 수업을 따로 받을 필요가 없게 된다. 그리고 그 자존감이 희망의 불씨가 되어 '나는 지금보다 더 잘살 수 있어, 그리고 내 인생은 조금씩 나아지고 있어'라는 작은 희망을 조금씩 재생산하게 한다.

집을 사면 이러한 긍정적인 마음의 변화가 생긴다. 그 이후에는 그 긍정적인 마음이 불쏘시개가 되어 더욱더 긍정적인 상황을 가지고 온다. 또 그동안 소홀히 하던 경제신문도 열심히 읽게 되고, 뉴스도 진지하게 보게 되며, 부동산 공부에도 공을 들이게 된다. 그리고 이윽고 '부의 추월차선을 타겠노라'라고 다짐하는 내 자신을 발견하게 된다.

나는 사실 지금의 우리 세대가 힘든 것은 희망이 꺾였기 때문이라고 생각한다. 모두들 경기가 침체되어 힘든 세상이라고, 잘사는 사람은 계속 잘살고 못사는 사람은 계속 못살 것이라고, 금수저가 아니면 답이 없는 세상이라며 은연중에 서로의 희망을 살뜰히도 꺾고 있는 것이다.

사람은 아무리 힘든 상황이라도 희망을 가지면 역경을 이겨낼 수 있다. 하지만 지금의 세상은 희망의 불씨까지 꺼뜨려버리는 말을 아무렇지 않게 한다. 뉴스에서도 신문에서도 청년들의 사기진작은커녕, 현실을 알린다는 명분으로 희망을 꺾는 자극적인 내용이 헤드라인으로 올라간다. 그리고 그러한 부정적인 말들을 사람들은 너무나 쉽게 사실처럼 받아들이고, 농담처럼 주고받으며, 그 영향 아래 사람들을 살게 한다.

나는 우리 세대가 이러한 부정적인 희망을 꺾는 기사나 사건들을 의식적으로 무시하고 차단해야 한다고 주장하고 싶다. 그리고 '어떻게 하면 지금보다 더 나은 상황을 가져올 수 있을까'에 대해 집중적으로, 그리고 진지하게 고민하고 노력해야 하는 시기라고 말하고 싶다.

04

스물여섯, 월급으로 내 집을 장만하다

나에게는 한 친구가 있다. 그 친구를 '해곰토리'라는 별명으로 부른다. 십년지기인 이 여성이 몇 년 전 나에게 부동산 경매를 물어본 것이 집을 사게 된 발단이었다. 사실 나는 부동산 업계를 떠나온 이유도 있고, 그때 당시 아버지가 부동산 투자를 썩 좋게 하시지는 않아, 우리 집안은 10년 넘게 그 후유증으로 부동산과 관련하여 고생을 하고 있었을 때였다. 그래서 부동산이라면 치를 떨고 있었을 때였고, 집을 사고 싶다는 욕심도 없었을 때였다.

그런데 해곰토리라는 애칭의 친구가 어느 날 나에게 시어머니 되실 분이 경매로 집을 샀는데 꽤 저렴하게 매입해서 높은 가격에 되팔았다고 했다. 그리고는 본인도 경매를 하고 싶으니 나름 강남 공인중개사 출신인 네가 알아봐달라고 요청을 하였다. 부동산의

'부'자도 싫은 나는 무시해버렸지만, 해곰토리 씨는 계속 나에게 경매물건을 알아봐달라고 했다. 나는 계속 무시하다가 그녀가 진심인 것 같아서 경매물건을 알아봐주기로 했다.

그런데 생각보다 당시 경매 시장에 저렴하고 좋은 물건이 많았다. 그래서 해곰토리 씨에게 그중 제일 저렴하고 좋은 물건을 알려줬다. 하지만 당시 해곰토리 씨는 어떠한 사정으로 인해 그 집을 매입할 수 없는 상황이 돼버렸다. 하지만 나는 이렇게 좋은 물건을 놓치기가 아깝다는 생각에 직접 경매에 참가해보고 싶은 마음이 생겼다. 그리고 정말 실행에 옮겨 낙찰을 받았다. 말로만 듣던 내 집 장만이란 것을 해보았다.

경매는 한자로 '다툴 경(競)'자와 '팔 매(賣)'자를 쓴다. 사전을 보면 다음과 같이 정의하고 있다.

경매 같은 물건을 사려 하는 사람이 많은 경우에 그중에서 값을 제일 많이 부르는 사람에게 물건을 파는 일.

보통, 법원에서 특정 부동산을 언제 경매로 진행한다고 공고를 한다. 그 공고를 보고 해당 부동산이 마음에 들어 경매에 참가하려는 사람들은 경매가 진행되는 날 법원에 찾아와 '그 부동산을 나는 얼마에 사고 싶습니다'라는 내용의 서류를 써낸다. 이것을 '입찰'이라고 한다. 법원은 이렇게 입찰한 사람들 중에 가장 높은 가격을 써낸 사람에게 그 부동산을 취득하게 해준다. 이것이 경매에 대한 대략적인 개념이다.

내가 당시 낙찰받았던 집은 인천에 있는 한 빌라였다. (일반 부동산중개사무소를 통해 집을 사는 것과 달리, 경매로 집을 사게 되면 '낙찰받는다'라고 표현한다.) 경매 당일 나는 회사의 재무팀(Treasury)이였기 때문에, 월말 마감업무를 담당하고 있어 쉴 틈 없이 바빴다. 그래서 내가 직접 법원 경매장에는 못 가고, 내 동생을 법원에 보냈다. 잠시 회사에서 빠져나와 내 인감증명서를 발급받아 동생에게 퀵서비스로 보내 입찰할 계획이었지만, 너무 일이 바쁜 나머지 내 인감증명서 뗄 시간도 없었다. 그래서 하는 수 없이 동생에게 양보하여 경매에 입찰하게 했고, 낙찰받을 수 있었다.

사람들은 내가 이런 말을 하면 동생이 부럽다며, 동생 집으로 한 게 아깝지 않느냐며 질문을 하곤 하는데, 전혀 그렇지 않다. 동생이 내가 어려울 때 도움을 많이 주기도 했고, 부족하지만 조금은 쓸모 있는 나의 지식을 활용해 내가 동생에게 집을 사줄 수 있다는 것에 진심으로 감사했다.

그리고 사실 동생 집이라고는 하나, 실질적으로 계약서 작성이나 임차인(세입자) 관리 등은 대부분 내가 도맡아 한다. 월세로 들어온 돈도 주로 내가 관리하는데, 월세를 모아서 위안화를 사둔다던지 한다. 나는 이렇게 돈이 들어오는 일이 참 재미있는 것 같다. 그렇게 나는 만 스물여섯 나이에 집을 마련했다.

어떤 사람들은 어떻게 월급으로 집을 샀냐는 질문을 많이 하는데, 가능했다. 경매는 낙찰가의 대부분 10~20% 정도만 현금을 가지고 있으면 집을 살 수 있다. 그리고 나머지 80~90%의 금액은 은행돈을 썼다. 다달이 납입해야 하는 은행 이자는 월세로 충당하고도 돈이 남았다. 이런 부동산을 사지 않을 이유가 없었다.

당시 낙찰받은 인천 집은 거품이 많이 빠진 저렴한 금액이었고, 전 주인이 그 집을 샀던 금액보다 약 절반 정도 되는 금액에 샀던 걸로 기억한다. 전 주인은 상당히 부동산 경기가 좋을 때 그 집을 샀던 것이다.

아마도 어쩌면 이 글을 읽는 분들 중에는 아직까지 경매에 대해 뭔가 무서운 상상을 하는 분들도 계실 것이다. 예를 들면 기존 세입자와의 마찰 등을 말이다. 그러나 전혀 그렇지 않다. 물론 때에 따라서 세입자와 마찰이 엄청 심한 물건도 있긴 하다. 하지만 내가 낙찰받은 물건은 기존 세입자가 그들이 전세금으로 전 주인에게 주었던 금액 대부분을 회수할 수 있는 상황이었다. 그래서 기존 세입자와의 마찰도 없었다.

심지어 낙찰받고나서 기존 세입자 할머니가 살고 있는 내 집에 가서 이런저런 얘기도 하고, 그 할머니가 키우시는 강아지와 재밌게 놀다 왔다. 할머니의 강아지는 내가 마음에 들었는지, 나를 엄청 좋아해서 꼬리를 흔들고 내 품에서 벗어나질 않으려고 할 정도였다. 할머니와의 대화도 마찰은커녕 너무 좋았다. 이 집에 살고 있으면서 좋은 일도 많았고 살기 너무 편하다고 계속 살고 싶다고 나에게 조르실 정도였다.

난생 처음 집이란 물건을 장만해보며 느낀 것인데, 부동산의 장점 중 하나는 가족이 대화하게 한다는 것이다. 사실, 사회생활을 하다보면 각자 위치가 있고, 부모와 자식, 형제지간이라도 그다지 대화할 일이 많지 않다. 하지만 부동산 투자를 하게 되면, 아무리 소규모의 투자라고 해도 가족에게 동의나 의견을 물어보기 때문에 가족 간에 대화가 늘게 되는 것 같다. 그리고 부동산은 가족구성원이 미래지향적인 대화를 나눌 수 있게 하는 장점이 있다. 어떻게 우리 가족이 더 발전할 수 있을지에 대한 고민을 가족구성원이 한마음으로 고민을 하는 것이다.

아무튼 그날, 나는 경매로 집 한 채를 낙찰받았다고 회사 동료들에게 알렸다. 자랑삼아 알린 것은 아니다. 내가 회사에 입사할 당시 굉장히 심적으로 힘든 시기였는데, 나에게 일할 수 있는 기회를 주고, 또 내가 월급을 받아 집을 살 수 있도록 나를 뽑아준 회사, 나의 보스 그리고 우리 팀원들에게 진심으로 감사했기 때문이다. 그분들이 없었다면 지금의 나도 없다. 그래서 그날 감사한 마음을 전하고 싶어서, 소박하지만 스타벅스 커피를 팀원들에게 돌렸다.

회사 동료들은 엄청 축하해줬다. 파이낸스의 막내가 집을 샀다며 다들 나를 기특하게 생각해줬다. 그다지 집에 대해 욕심도 없는 나였지만, 회사 동료들에게 축하를 받으며 느꼈다.

'집을 산다는 것은 내가 생각하는 것보다 상당히 좋은 일이구나.'

그리고 이 글을 빌어 내 친구인 해곰토리 씨에게도 감사를 전하고 싶다.

05

27세에 집 2채, 상가 1채 주인이 되다

'조물주 위에 건물주'

요즘 유행하는 말이다. 한 포털사이트에서는 '건물을 가지고 있으면 일을 하지 않고도 월세로 먹고 살 수 있다는 이유로 요즘 청소년들의 장래희망 1위가 건물주로 꼽히는 현상을 비판한 말'이라고 설명되어 있다.

예전에는 초등학생들의 꿈이 대통령, 과학자, 선생님, 축구선수 등이었던 것 같은데, 요즘 청소년들의 장래희망은 '공무원, 아이돌, 건물주'라고 한다. 나는 요즘 청소년들이 '건물주'라는 단어를 안다는 것이 놀라울 따름이다. 내가 어렸을 때만 해도 건물주니, 집주인이니 이런 단어는 거의 들어보지 못한 것 같은데 말이다.

나는 건물주 소리를 듣고 산다. 요즘 청소년들의 꿈을 이룬 사람이랄까. 사실, 건물주라는 게 빌딩같이 으리으리한 건물을 통째로 가져야 들을 수 있는 소리라고 생각했다. 그런데 내가 처음으로 건물주 소리를 들은 건 만으로 27살 때였다.

서울 양천구 쪽에 경매로 상가가 나왔다. 이 물건은 쉽게 말해 다세대 건물의 1층 상가였는데, 주택처럼 꾸며놓은 근린생활시설이었다. 대부분 이러한 물건은 사람들이 꺼린다. 원칙적으로 전입신고를 할 수 없기 때문이다. 전입신고를 합법적으로 할 수 없다는 말은 주택으로써 세입자를 받기 어렵다는 뜻도 된다. 특히 전세에 경우 더욱 그러하다.

그럼에도 불구하고 이 물건을 4101만원에 경매로 낙찰받았다. 평당 최하 1000만원이 넘는 이 동네 땅값을 생각하면, 낙찰받았다기보다 거의 '주었다'고 표현하는 것이 맞을 것이다. 그리고 나중에 들은 얘기지만, 내 상가 앞에 있는 터줏대감 부동산중개사무소 영감님의 말에 따르면, 전(前) 주인은 내 상가를 몇 년 전 9000만원 정도에 분양받았다고 했다. 꽤나 흥미로웠다.

그리고 나는 이 상가를 경매로 낙찰받을 때, 어렸을 때 학과 공부와 공인중개사 자격증 공부 때 배운 세법지식을 깨알같이 활용했다. 덕분에 우연이긴 하지만 딱 내 생일날 집문서를 받아보는 기

뽐도 누려보았다. 내 생에 최고의 생일선물이었다. 그리고 몇 년 후에는 그 동네에 경전철이 개통된다는 뉴스를 보았다. 그 뉴스는 그 해 11월 11일 해당관청의 SNS에서 확인한 최고의 빼빼로데이 선물이었다.

아무튼 이런 행운의 낙찰을 받고 나서, 처음에는 주택으로 임대를 놓을까도 생각했다. 하지만 그러는 것보다 1층이기도 하고, 나라에 허가도 근린생활시설(장사를 할 수 있는 상가로 생각하면 쉽다.)로 난 집이니, 벽을 뚫어 1층 상가로 제대로 꾸며보자는 생각을 했다. 상가로 꾸며놓으면 내가 나중에 퇴직하고 사무실로 사용하기도 좋고, 처음에 주택처럼 지은 집이다 보니 나름 싱크대와 붙박이 등이 있어서 풀옵션 오피스텔 같은 느낌도 있고, 주차도 편해서 여러 가지 이점이 있다고 생각했다. 그리고 우스갯소리지만, 여차하면 수박장수나 테이크아웃 카페라도 할까라는 생각도 했었다.

생각해보면, 아마도 내 1층 상가의 건물을 지은 사람은 주변이 주택가이다 보니, 상가로 꾸며놔도 장사가 안 될 것이라고 생각했던 것 같다. 그런 이유로 1층을 정식 상가로 만들지 않고 대충 주택으로 꾸며 놓고 저렴한 가격에 분양을 했던 것이다.

하지만 나는 별안간 스친 '제대로 상가로 꾸며보자'라는 영감을 무시하지 않고 정말 그대로 실행했다. 결과는 꽤 좋았다. 평수가 작은 단점은 있었지만, 그럼에도 우리 가게에 들어오겠다는 세입자들의 전화가 쇄도했다. 신기했다. '진짜 상가로 꾸며볼까?'라는 그저 일개 상상에 지나지 않았던 내 생각을 그대로 시행했을 뿐인데, 진짜로 돈을 내고 내 가게에 들어오겠다고 하는 사람들이 있다니! 오히려 내가 세입자들을 골라가며 세를 줬다.

주택을 상가로 탈바꿈시켜 놓으니 첫째 그 동네 사람들이 부러워했다. 이런 생각을 어떻게 했냐고 부러운 눈빛으로 물어보는 사람들도 많았다. 또 우리 상가를 하염없이 뚫어져라 쳐다보고 가는 사람들도 있었다. 그 건물 위층에 사는 분들은 내 가게를 보며 "내가 1층을 분양받았어야 했는데"라며 크게 후회한다고 푸념까지 했다.

물론 중간에 애를 먹는 일도 있었다. 제대로 된 상가로 탈바꿈시켜놓자마자 너무 인기가 있다 보니 콧대가 높아져서 임차 문의하는 분들을 멋대로 잘라버리기도 했다. 그러다가 나중에 마음이 급해져서 마음에 들지 않는 사람에게 세를 주고 약간의 트러블도 있었다. 게다가 임대료도 낮춰서 세를 주었다. 이렇게 임대가를 낮춰놓으면 집의 가치도 하락되고, 다음 임대를 줄 때에도 제값을 받기 불리할 수도 있다. 아픈 경험이었다.

부동산 업계에 '부동산은 임자 있을 때 줘야 한다'라는 말이 있다. 어린 시절 부동산 중개를 하며 배웠던 보배와 같은 말인데, 콧대가 높아 잊고 있었던 것이다. 이 말은 쉽게 말해서, 어떠한 부동산을 사겠다고 (혹은 얻겠다고) 한 손님이 있을 때에 거래가 되고, 임대가 된다는 뜻이다. 버스 지나간 다음에 손 흔들어 봐야 아무 소용없다는 말이다. 이 철칙을 무시한 대가는 임대가의 하향조정과 주변 부동산 사무실의 조롱이었다. 정말이지 뼈아픈 경험이었다. 돈을 떠나 자존심이 엄청 상했었다.

그리고 이렇게 주택을 상가로 완전히 변모시키니, 질투하는 세력이 엄청났었다. 그 건물에 살고 있는 사람들이 특히 그랬다. 관리비를 터무니없이 많이 부담하라고 나의 임차인을 괴롭히기도 하고, 윽박지르기도 하고, 간판도 걸지 못하게 했다. 정말이지 못되게 굴었다. 한마디로 텃세였다. 하지만 나 역시 젊은 패기로 그들의 불합리한 요구에 끝까지 굽히지 않고 팩트로 철저히 응수했다. 결국 그들은 조용해졌다.

사실 그 '건물주'라는 말도 그들과 트러블이 있으면서 듣게 된 말이다. 내가 주택을 가지고 있을 때에는 '사장님' 혹은 '사모님' 소리를 듣고 살았는데, 1층 상가를 갖고 있으니 "건물주께서"라는 말을 듣게 되었다. 전화로 나에게 "건물주께서 이렇게 해주십시오"라고 말을 하는 것이었다. 나는 솔직히 조금 놀랐다. '나한테 건물주라고 하는 건가?'라는 생각을 했다. '내가 빌딩을 소유한 사람도 아닌데 건물주라니?'라는 생각도 했지만, 그들이 나를 건물주라고 불러주니, 굳이 마다할 필요는 없는 것 같아 가만히 듣고 있었다.

그 후로는 건물주라는 소리를 정말 많이 듣게 되었다. 이젠 사장님, 사모님이 아니라 건물주가 된 것이다. 회사에서는 일개 직원이었지만, 회사 밖에서는 사장님, 사모님을 넘어 건물주가 된 것이었다. 임차인들도 나에게 주인님(?), 건물주님이라고 부른다.

그리고 이제는 정말 건물주가 되고자 건물들을 살 궁리를 하고 있다. 자리가 사람을 만드는 건지, 말이 씨가 되는 것인지 모르겠지만, 건물주라는 단어는 나에게는 긍정, 희망의 에너지를 만들어주는 단어임에 확실하다.

06

나는 월세 입금날이 가장 기다려진다

당신은 통장정리를 언제 하는가. 대부분의 사람들은 통장정리를 하지 않는다고 한다. 통장에 입금이라고는 한 달에 딱 한 번 있는데 그까짓 통장정리는 해서 뭐하냐는 것이다. 어차피 월급님을 영접하자마자, 급하게 뒤를 이어 줄줄이 월급님의 로그아웃 행렬만 있을 텐데, 굳이 그런 고통스런 장면을 보고 싶지 않다고 한다.

하지만 나는 통장정리가 제일 재미있는 놀이라고 생각한다. 나는 종이 통장이 없어지는 것에 절대 반대하는 1人이다. 월세 입금 후 통장정리를 하기 위해 은행 ATM기에 방문하는 설렘은 기다리고 기다리던 택배상자를 품에 안고 내 집에 오는 택배기사님을 기다리는 설렘과는 차원이 다르다.

게다가 은행의 입금알림 어플을 이용한다면 월세입금문자 소리도 들을 수 있다. 임대료 입금문자 소리는 실로 지구상에서 가장 맑고 고운 소리라고 표현해도 과언이 아닐 것이다.

이신영 작가의 최근 저서 《한국의 젊은 부자들》에서 본 내용인데, 세계 1위 창고형 할인점 코스트코를 창업한 제임스 시네걸이 세상에서 가장 사랑하는 소리는 마트에서 캐셔가 계산할 때 들리는 '링링' 소리라고 한다. 재밌는 상상이지만, 나에게 있어 월세 입금문자소리는 제임스 시네걸의 링링소리와 같지 않나 싶다.

매년 초 달력과 다이어리를 선물 받으면 가장 먼저 하는 일이 무엇인가. 대부분의 직장인들은 노는 날을 세어본다고 한다. 그리고 사업가는 검은 날을 세어본다고 한다. 그리고 임대업자는 매달 월세가 입금되는 날을 형광펜으로 칠한다. 우리 집이 그러하다. 우리 집은 큰 달력을 좋아하는데, 대문짝만하게 큰 달력에 형광펜으로 임대료가 입금되는 날을 색칠하다 보면 마음만으로도 부자가 된 느낌이다. 나는 이렇게 새 달력 받는 재미를 배가 시키곤 한다.

월세를 받는 다는 것은 CASH FLOW, 즉 현금 흐름이 생기는 장점이 있다. 매주 임대료 입금이 있다면 어떨 것 같은가. 예상대로 매우 좋다. 정말이지 좋다. 꼭 이 감정을 느껴보기 바란다. 액수의 크기와는 상관없이, 내 노동과는 별개로 입금이 있다는 사실은 정말 행복한 일이다. 설사 월급을 다 써버려도, 돈이 없어서 신용카드를 긁거나 혹은 카드를 돌려막거나 하는 일이 없다. 계속 거의 주마다 현금 입금이 있으니까. 그렇다고 흥청망청 살아서는 절대 안 되지만.

나는 부동산이 좋은 이유가 바로 이런 것이라고 생각한다. 부동산은 안정적인 현금 흐름을 만들어 준다. 특히 수익률 부동산이 말이다. 물론 자산 투자에는 여러 가지 종류가 있겠지만, 이러한 다달이 발생하는 수익 자산은 꼭 몇 개 정도 확보해 두어야 한다.

많은 사람들의 꿈이 임대업자라고 한다. 하지만 꿈을 이루려고는 하지 않는다. 아니, 어쩌면 이루는 방법을 몰라서일 수도 있겠다.

'왜 사람들은 수익자산을 창출하는 것에 문외한일까?'

내 결론은, 인생에 있어서 나름 긴 시간을 보내는 초, 중, 고등학교에서 우리의 삶과 아주 밀접한 부동산 등의 자산에 대해 교육하지 않았기 때문인 것 같다. 언젠가 유튜브에서 이런 동영상을 본 적이 있다. 미국인 변호사가 법정에서 공교육에 대해 비판을 하는 동영상이었다. 아마도 영화였던 것 같은데, 내용 중 꽤 의미심장한 내용이 있었다.

첫째, 학교는 사람들을 공장에서 일하도록 훈련시키기 위해 생겨났으며

둘째, 이를 위해 학생들에게 똑바로 오와 열을 맞춰서 가만히 앉아 있으라고 하고

셋째, 말하고 싶을 때에는 손을 들라고 가르치고

넷째, 밥 먹을 시간을 조금 주고 8시간 동안 시키는 대로 생각하라고 하며

다섯째, 고기에 품질등급을 매기듯 1등을 가려낸다. 100년 전에도, 현재에도.

소름끼치지 않는가. 우리가 배운 교육도 이와 크게 다르진 않는 것 같다는 생각을 했다. 극단적으로 표현해서 학교에서의 공교육은 '공장에서 일할 수 있는, 일정 소양을 갖춘 노동자'를 생산해내기 위한 교육이었음을 느낄 수 있었다.

예전에 어느 책에서 이런 글을 보았다. 초, 중, 고등학교에서 자산을 늘리고, 풍족하게 살기 위한 방법을 가르치지 않는 이유는 기득권층의 존속을 위해서라는 내용이었다. 기득권층과 그의 가족을 위해 열심히 일하는 개미를 생산해내는 역할을 하는 곳이 학교이며, 기득권층은 그들의 대대손손의 영광을 위해 자신들이 딱 부리

기 좋을 정도로만 노동자들을 만들어내고 싶었고, 이를 철저히 교육과정에 반영했다는 내용이었다. 아마도 우리는 이러한 교육을 받았기 때문에 수십 년간 열심히 공부를 했지만, '부'에 대해서는 까막눈이지 않았나 싶다.

다시 본론으로 돌아와서, 우리의 꿈이 수익을 만들어내는 '부동산'이라는 자산을 소유하는 것이라면 해야 할 것들이 있다.

1. 누추한 곳에 월세를 사는 것이다.

물론 어느 정도 자산가라면 예외이다. 우리는 생각보다 너무 좋은 곳에 살고 있다. 자기가 잠자는 집에 쓸데없이 인테리어 등으로 많은 돈을 쏟아붓는다. 이것은 투자가 아니다. 그리고 잠자는 그곳은 자신에게 수익을 안겨다 주는 곳이 아님을 알아야 한다. 우리는 수익이 있는 자산에 투자를 해야 한다. Output이 있는 곳에 돈을 써야 한다는 말이다.

나는 나만의 돈에 대한 확고한 신념(투자에 대한 소신)이 있는데 다음과 같다.

'돈이 내 주머니에서 나갔다면(투자했다면), 반드시 돌아와야 한다(회수되어야 한다). 비용처리하고 마는 것이 아니다. 기부가 아니라면, 반드시 내게 돌아와야 한다(회수되어야 한다).'

극단적으로 바퀴벌레나 쥐가 나오는 곳이라도 좋다. 이런 곳에 살더라도 수익이 나오는 자산에 투자하자. 매달 입금되는 임대료(혹은 투자 수익)를 보면, 금액의 크기와 상관없이 힘이 솟고 희망이 싹틀 것이다.

2. 자가(自家)가 아니라면, 전세보다 월세를 살아야 한다.

월세보다 전세살이가 당장은 돈을 절약하는 것 같지만 최악의 경우 전세금을 돌려받지 못하는 경우도 있기 때문이다. 전세는 월세로 지불하는 돈을 아끼기 위해 하는, 꽤나 위험천만한 도박이 될 수도 있음을 알아야 한다. 전세계약을 마치고 퇴거 시에, 집주인이 전세금을 돌려줘야 비로소 전세인 것이다. 수많은 경매 기록을 보면 알 수 있다. 전세금도 못 받고 쫓겨나오는 임차인들이 너무나도 많은 사실을.

3. 투자를 해야 한다.

주식도 좋고, 채권도 좋고, 원자재도 좋고, 부동산도 좋다. 종목이 무슨 상관인가. 다만 그 종목들 중에 부동산은 꼭 들어 있어야 안전한 포트폴리오라고 말할 수 있을 것이다. 부동산을 공부해야 한다. 그래야 우리가 바라는 부동산 임대수익을 얻을수 있다.

07

도곡동 타워팰리스에서 배운 부동산 투자비결

나는 사회초년생 시절을 부동산중개사무소에서 보냈다. 부동산학과를 나오고, 운 좋게도 어린 나이지만 부동산중개사무소에 입사했다. 제일 처음으로 입사했던 중개사무소는 서울 신림동에 있는 B모 부동산중개사무소였다. 사실 부동산에 뜻도 없었고, 당시 부동산 시장도 좋지 않은 상황이어서 더더욱 부동산에는 욕심이 생기지 않았다.

그럼에도 불구하고 전공을 살려 취직은 했는데, 처음 입사한 신림동의 중개사무소는 역시나 실망이었다. 사장님은 줄곧 공무원이셨다가 정년퇴임하고, 사업이란 것을 처음 해보시는 분이라 나를 이끌어주기에는 무리가 있었다. 하지만 다행히도 실력 있는 좋은 실장님을 만날 수 있었는데, 그분이 조기연 실장님이었다. 이제 갓

스무 살을 넘긴지 몇 해 안된 나를 데리고, 그 지역 주택시장에 대해 상세히 알려주셨다. 그분과 나는 스승과 제자 같은 사이였다.

그때 참 많은 것을 배울 수 있었다. 신림, 봉천동의 단칸방 골방부터 별별 원룸들, 오피스텔 등 참 다양하게도 많은 집을 보았고 중개했다. 인생 살아오면서 집을 그렇게 많이 구경한 것은 그때가 처음이었다. 그때부터 어느 집에 들어가면, 눈대중으로 이 집이 몇 평인지를 맞추는 초능력도 얻게 되었다. 부동산 중개 관련해서 매물 관리는 어떻게 해야 하는지, 매물을 기록해 놓을 때는 어떤 부분을 유념해서 기록해야 하는지, 손님을 어떻게 대해야 하는지, 다른 부동산중개사무소를 대할 때는 어떻게 해야 하는지 등등 그때 그 실장님으로부터 배울 수 있었다. 실로 참 스승이었다. 일적인 부분 외에도 사적으로도 나를 격려해주고 용기를 북돋아 주셨다. 지금은 연락이 끊긴 조 실장님이지만 그분께 지금도 많이 감사하다.

그 이후 잠시 서울 용산에서 근무한 적도 있었다. 용산은 내가 태어나 처음으로, 다른 직원들의 도움 없이, 전적으로, 내 스스로 계약서를 써본 경험을 한 곳이라 아직도 잊을 수가 없다. 첫 계약서 쓰던 날은 엄청나게 장대비가 오는 날이었다. 장마 때였던 걸로 기억하는데, 습하기도 하고 엄청 시끄럽게 비가 내리는 날씨였다. 거의 하늘에서 땅으로 비가 내리꽂던 날씨였다.

당시 손님이 오셔서 급하게 계약을 하는데 사장님도, 다른 직원들도 모두 외부에 계시고, 아무도 사무실에 올 수 없는 상황이었다. 심지어 계약하는 집주인도 못 오는 상황이었다. 집을 계약하려는 손님과 나만 딱 둘이서 사무실에 있는 상황이었다. 계약서 작성하는 방법은 다 알고 있었지만, 이렇게 사무실에 아무도 없는 상황에서 나 홀로 계약서 써보기는 처음이라 많이 떨렸다.

그리고 비는 왜 그리 오던지, 문을 닫아도 비 오는 소리가 시끄러울 정도여서 정신이 더 없었다. 또 손은 왜 그리 떨리던지, 내가 보아도 수전증 있는 사람 같았다. 그 와중에 프린터는 왜 그리 말을 안 듣던지, 계속 에러가 발생해서 계약서 인쇄에 애를 먹었다. 손님도 짜증이 난 눈치였다. 어찌됐든 손을 부들부들 떨며, 손님에게 브리핑하고 계약서에 날인을 하고 간인도 하고, 할 것들은 모두 빠짐없이 했다. 어찌어찌 계약을 마치고 손님이 가신 후, 나는 기진맥진이 되었다. 그때 썼던 계약이 8000만원인가, 9000만원짜리 전세계약서였다. 나에겐 잊을 수 없는 첫 계약서의 추억이 되었다. 그때가 20대 초반이었다.

이후 나는 강남으로 넘어와 서울 서초동에서 일을 했다. 서초동에서 주로 오피스텔, 소형아파트, 원룸 등을 다뤘다. 당시 나의 사수는 선미선 팀장님이었다. 그분의 진두지휘 아래, 대한민국 부동산 1번지 강남 부동산을 배울 수 있었다. 아마도 이때부터 본격적으로 나와 강남 부동산의 인연이 시작되었다고 봐야 할 것이다. 그분을 만나게 되었던 것은 지금 다시 생각해도 행운이었다. 그러다가 어떤 기회에 나는 도곡동으로 넘어왔다. 내가 취직한 곳은 도곡동 타워팰리스 단지 내 중개사무소였다. 명불허전이라고 했던가. 과연 타워팰리스를 실감했다.

입사한 날로부터 나는 타워팰리스에 대해 연구했다. 타워팰리스에 대한 모든 자료를 수집했다. 인터넷에 있는 각종 기사부터 국토부의 실거래가까지 모두 프린트하고 수집하였다. 분양 당시의 히스토리와 자료들도 어떻게든 캐내어 손에 넣었다.

그리고 평형대별로 나누어 분석했다. 어떤 평형이 얼마나 더 어떻게 올랐는지, 소형 평형은 몇 호실 없는 대신 몇 년을 주기로 매매가 되는지 등 사소한 것까지 자세히 기록했다. 그렇게 내가 만든 타워팰리스 연구자료는 사장님까지도 빌려달라고 할 정도였다. 나에게 타워팰리스는 꽤 흥미로운 물건이었다. 그리고 타워팰리스의 여러 집들을 참 많이도 봤다. 가장 기억에 남는 두 집이 있었는데, 펜트하우스와 66층의 집이였다. 야경이 참 멋진 집이었다.

그중 내가 타워팰리스에 와서 가장 흥미로웠던 것은 이 주상복

합의 월세금액이었다. 그동안 작은 매물들만 다루다가 처음으로 20억 이상의 매물을 다루다 보니, 신기한 게 많기도 했지만 그중에 단연은 월세가였다.

타워팰리스의 월세는 몇몇 평형을 제외하고 수백만 원대이다. 당시 어린 나는 '상가도 아닌데 어떻게 살림집의 월세가 수백만 원일까?'라는 의문이 쉽사리 가시지 않았다. 물론 매매가를 생각하면 이해는 되지만 이러한 궁금증은 지워지지 않았다.

그래서 이러한 궁금증을 선배에게 물어보았다. 선배는 이렇게 말했다.

"보험업에 종사하는 고객이 있는데, 그분도 여기 월세를 살아. 월세로 수백만 원을 지불한다고 해도 그 이상으로 충분히 버니까. 타워팰리스의 커뮤니티를 누리고 이곳의 인맥을 이용해 더 큰 수익을 창출하고 있어. 그래서 그 정도 월세는 충분히 상쇄되기 때문에 월세금액은 그리 큰 게 아니야. 그리고 이곳에서 월세를 산다고는 하지만, 이미 그는 다른 부동산의 주인 혹은 건물주일 가능성이 많아."

나는 그때 배웠다. 월세를 살며 돈을 번다는 개념을.

또래 중에는 월세살이로 푸념을 하는 친구들이 있다. 월세는 고스란히 집주인에게 주는 돈이라며 속 아픈 돈이라고 한다. 하지만

1년을 기준으로 집주인에게 내는 월세 1년치를 충분히 상쇄하고도 꽤 많은 돈이 남는다면(모인다면), 굳이 집을 사서 취등록세를 내고 각종 수수료를 내는 부담 없이도 돈을 버는 것이다.

모든 투자에 있어 현금은 총알로 비유할 수 있다. 총의 방아쇠는 내 손가락이 담당하는 영역이지만, 총알은 결국 현금이다. 결국 방아쇠를 당길 힘과 손가락이 있다 하더라도, 총알이 없는 총은 무용지물이다.

투자에 있어 최대한 현금을 많이 확보하는 것, 그것은 투자의 핵심 중 하나이다. 그러기 위해 현명하게, 전략적으로, 단기적으로 월세로 사는 것을 추천한다. 전세를 살면 투자를 위한 현금의 양이 그만큼 줄어드는 것이다.

절대 월세살이 신세는 푸념의 대상일 수 없다. 물론 전략도, 현명함도 없는 사람에게는 월세살이가 푸념거리일 것이다. 하지만 '전략적 월세살이', 이것은 내가 타워팰리스에서 배운 최고의 투자전략 중 하나였다.

08

20대, 복부인을 꿈꿔라

'복부인'은 대한민국 강남 투기의 심벌격인 단어이다. 대부분 사람들이 복부인에 대해 갖는 감정은 부정적이다.

'복부인이네'.

이 말에는 사실 비아냥거림과 부러움, 비난의 감정이 뒤섞여 있다. 아마도 그 이유는 평범한 사람들이 상상하지도 못하는, 말도 안 되는 돈을 단기간에 벌었다는 점이 가장 클 것이다. 게다가 일정 부분 이들 복부인들의 야심 때문에 강남의 집값이 고공행진하지 않았나. 지금의 강남을 있게 한 일등공신은 단연 복부인이지 않을까.

복부인에 대해 네이버 포털사이트 사전에서는 다음과 같이 정의하고 있다.

복부인 1963년 경기도 광주군 일부가 현재 서울특별시 강남구 지역으로 편입되고 1969년에 강남과 강북 도심을 잇는 한남대교[당시 제3한강교]가 완공되면서 강남 일대의 땅값이 폭등했다. 이때부터 일부 가정부인들이 강남구 청담동, 삼성동, 대치동 일대의 땅을 매매하여 그 단기 차익을 통해 금전적인 이익을 꾀했다. 1970년에 이르러는 이들의 부동산 투기 활동이 더욱 두드러졌다. 특히 1975년 압구정동 현대아파트 분양을 시작으로 강남 일대에 아파트가 들어서면서 투기 대상이 땅에서 아파트 분양권으로 바뀌었다. 이때 투기부인은 복부인으로 대체됐다. 이후 복부인은 투기세력의 대명사로 자리잡았고 국어사전에까지 등재됐다. 1980년대에 이르러 1982년 장영자 어음사기 사건과 금융실명제 추진 움직임으로 복부인의 활동이 주춤하다가, 88서울올림픽을 전후로 국제수지가 흑자로 돌아서면서 시중자금이 넘치자 1980년대 말에 복부인들이 다시 부동산 시장에서 활동했다. 당시 땅 투기로 이름을 날린 고위층 부인들이 빨간 바지를 입고 다녔다고 하여 복부인은 '빨간 바지'라고도 불렸다.

'내가 하면 투자이고, 남이 하면 투기이다.'

내가 부동산을 배울 때 교수님이 농담으로 해주신 말씀이다. 복부인들이 욕을 먹고 비난을 받는 이유는 투기를 했기 때문이다. 그런데 내가 돈이 있어서 복부인들처럼 투기를 한다면, 투기라고 표현하지 않았을 것이다. 그렇다. 우리는 우리 자신이 복부인처럼 투기를 한다고 해도, 투기한다고 표현하지 않고 '나는 투자를 했다'라고 표현을 한다. 투기와 투자는 사실 이렇게 한 끗 차이인 것이다. 그렇다. 복부인 그녀는 그녀의 입장에서 부동산 투기가 아닌 투자를 한 것이다.

하지만 나는 기본적으로 이러한 단기적인 투자, 아니 '투기'에 대해서는 부정적인 사람이다. 기본적으로 부동산은, 특히 주택은 국민의 주거안정과 밀접한 관련이 있는 재산이다. 그렇기 때문에 상가에 대한 세금과 주택에 대한 세금이 차이가 큰 것이다. 상가는 장사를 해서 돈을 버는 곳이다. 하지만 주택은 가족이 도란도란 이야기를 나누고, 하루의 피곤을 달래고, 내일 준비하는 공간이다. 그렇기 때문에 주택에 상가와 같이 수익이 나는 곳과 동일한 세금을 매기지 않는 것이다.

이는 내가 갭투자를 하지 않는 이유기도 하다. 아무리 돈이 좋다지만, 이 사회 구성원들에게 아무런 도움도 안 되는, 단기간에 '돈 놓고, 돈 먹는다'는 식의 마인드는 공인중개사이자, 부동산인으로서, 그리고 국민의 한 사람으로서 지양해야 할 바라고 생각하기 때문이다.

집주인은 사회적으로 선한 일을 하는 사람이다. 국민의 주거안정에 일조하는 사람이기 때문이다. 굳이 많은 돈을 들여 집을 사는 리스크를 세입자가 안지 않아도, 편안히 쉴 수 있는 공간(혹은 사용수익 하게 하는 공간)을 제공하는 사람이 집주인이다. 나는 이것이 집주인의 선기능이라고 말하고 싶다. 물론 이를 지나치게 악용하는 사람도 있지만 말이다.

최근 화두는 부자 증세인 듯하다. 그동안 심각하게 몰렸던 부의 쏠림 현상에 대해 이야기하며, 이제는 상위 1%에 대해 증세를 해야 한다는 여론이 대세이다. 그리고 많은 사람들이 부자들이 좀 욕심을 버려야 한다고 주장한다.

그러나 나는 부자들이 욕심을 버려야 한다고는 생각하지 않다. 그들은 돈에 강한 흥미를 느끼는 사람들이다. 그들에게 있어 부에 대한 애착은 마치 반려동물을 너무나 사랑하는 애견인과 같다. 어떠한 대상을 사랑하는 마음, 아끼는 마음은 애착의 대상만 다르다 뿐이지 애견인과 부자 모두 동일하다. 그들에게 그들이 사랑해 마지않는 대상에 대해 애착을, 욕심을 줄이라고 요구하는 것은 그들로서는 고통일 것이다. 아니, 한 귀로 듣고 한 귀로 흘려버릴 것이다. 오히려 그 애착하는 대상에 대해 아끼는 마음의 '방식'을 달리 해보라고 조언하는 것이 그들로서는 수용하기 쉬울 것이다.

나는 부자들에게 '욕심을 줄이세요'가 아니라, '길게 보십시오'라고 감히 말하고 싶다. 지금 당장의 목전의 이익이 전부가 아니라고, 역설적이지만 지속적 부의 증대를 위해, 오히려 지금은 분배가 투자의 일종이라고 말하고 싶다. 가까운 나라로 일본과 대만을 보더라도 납득하기 쉬울 것이다. 수많은 중산층이 산산조각이 났고, 많은 사람들이 저임금으로 겨우겨우 살아가고 있다. 이는 경제에도 상당한 타격으로 돌아왔음을 우리는 되새겨볼 필요가 있다.

지금 부자들이 해야 할 일은 분배라는 투자이다. 지금은 부자 증세를 해야 하는 시국이다. 그동안 많이 벌었으니 지금은 그들의 곳간을 열어야 할 시점이다. 어차피 그렇게 해도 그들의 곳간은 다시 차게 되어있다. 여태껏 그래왔고 앞으로도 그럴 것이 때문이다.

내가 중개업을 배울 때 느낀 것 중에 하나가 '내 도장을 찍어야 돈이 된다'는 것이었다. 아무리 남의 일을 해주고, 배우는 것이 많고, 느끼는 것이 많더라도, 결국 내 도장을 찍는 사람이 되어야 돈이 되겠다는 생각을 했다. 내 도장을 찍는 사람이라면 투자가 내지는 사업가가 되는 것을 뜻한다. 나는 투자가가 되겠다고 결심했다. 나는 집(부동산)이라는 멋진 공간으로 사회적으로 선한 일을 하는 사람이고 싶다. 물론, 선한 일을 행함에 따른 수익도 얻을 것이다.

노블레스 오블리주(noblesse oblige)라는 말이 있다. 높은 사회적 신분에 상응하는 도덕적 의무를 가져야 한다는 뜻이다. 이 말은 초기 로마시대에 왕과 귀족들이 보여 준 투철한 도덕의식과 솔선수범하는 공공정신에서 비롯되었다고 한다.

이러니저러니 해도, 집주인은 세입자보다는 조금 우위에 있는 입장일 수밖에 없다. '높은 사회적 신분'이라는 표현은 안 어울리지만, 그래도 조금 더 가진 자로서 사회에 베푸는 삶을 살겠다는 게 나의 다짐이다.

나는 복부인에 대해 21세기 버전의 새로운 정의를 주장하고 싶다. '복부인, 조금 더 가진 자로서 부를 나누는 노블리스 오블리주를 실현하는 투자가'가 그것이다. 이것은 내가 꿈꾸는 부동산 부자의 모습이다. 그리고 이것은 지금 20대를 살아가고 있는 청년들에게도 권해주고 싶은 이야기기도 하다.

"우리 모두 멋진 대한민국 20대 부동산 투자가가 됩시다!"

내 집

PART 02

금수저가 아니면 지금 당장 부동산 공부하라

01

일반 자기계발이 아닌 부동산 공부를 하라

《논어》의 한 구절로, 내가 10대 때 침대 머리맡에 붙여두었던 공자의 말씀이 있다.

> 吳嘗終日不食, 終夜不寢以思, 無益, 不如學也.
>
> 오상종일불식, 종야불침이사, 무익, 불여학야
>
> **내가 일찍이 종일토록 먹지 않고 밤새도록 자지 않으면서 사색해본 적이 있는데, 유익한 것이 없었으니 배우는 것만 못하더라.**

한마디로 공상 떨어봤자(딴생각하지 말고), 공부하는 것이 제일 남는 것이라는 뜻이다. 공자의 안티도 많지만 공자는 삶의 지침이 될 만한 어록을 꽤 많이 남기셨다. 쓸모 있는 내용은 받아들이고,

현실과는 동떨어진 내용이라면 버리는 '취사(取捨, 취할 것은 취하고 버릴 것은 버림)의 지혜'로 4대성인 중 한 분인 공자의 말씀을 받아들이자는 것이 내 생각이다.

우리는 취업뿐만 아니라 직장에서 살아남기 위해서 '공부, 공부, 공부'를 한다. 나도 한때 잠자는 것도 사치라고 느껴, 침대 머리맡에 위 글귀를 붙여놓고 자는 그 순간까지 공부에 대한 욕심을 불태우던 적이 있다. 늦은 시간, 너무 피곤해서 잠을 자려고 침대에 눕는 그 순간에 저 글귀를 보면서 '아, 공부 조금만 더하고 자자'라고 마음을 다지며, 다시 책상 위 등을 켜고 공부를 한 적도 많다.

공부를 한다는 것은 즉, '책을 손에 쥐고 읽는다'는 뜻일 것이다. 책이라면 아주 치를 떠는 사람만 아니라면, '공부'는 실용 여부를 떠나서 꽤 재밌는 행위다. 특히 본인이 좋아하는 공부는 두말할 것도 없을 것이다. 하지만 자본주의 시스템 속에 살고 있는 우리는 그저 재미만을 위한 공부를 해서는 안 된다. 기왕이면 돈과 관련된 공부를 해야 한다. 취미를 가져도 돈과 관련된 취미를 가져야 한다. 이것이 자본주의를 살아가는 우리의 자세여야 한다. 혹자는 왜 그렇게 속물적으로 돈, 돈, 돈 해야 하냐고 따질 수 있겠지만, 갈수록 심화되는 사회의 양극화 현상을 보고도 느낀 바가 없냐는 질문으로 대답을 해주고 싶다.

얼마 전 SNS을 보다가 약 18종의 자격증을 따서 취업을 했다는 고졸 소녀의 취업성공기를 본 적이 있다. 본인이 어떻게 18개의 자격증을 땄는지, 대학이란 곳을 나오고도 취업이 힘들다는 세상인데, 어떻게 패기만만하게 대학졸업장 없이 취직이라는 엄청난 산을 정복했는지 등에 대한 인터뷰로 기억한다.

우리는 자기계발을 위해 각종 자격증을 따는데 혈안이 되어 있다. 사실 자격증을 따면 성취감도 꽤 있긴 있다. 어쩌면 우리는 그 성취감이란 것에 중독되어 있는지도 모르겠다. 아마도 '그놈의 성취감'이 우리가 자격증 수집가가 되어 가는데 상당 부분 일조했을 것이다. 무언가 이룬 것 같고, 게다가 국가에서 공인 받은 자격증이라면 사회에서 일정 부분 인정도 받을 수 있고, 또 공부란 것을 통해 나 자신이 성장한 느낌을 받을 수 있으니까. 이렇게 우리는 점점 자격증 수집가로 성장한다. 영어는 물론이거니와 중국어, 그리고 이제는 아랍어까지, 게다가 컴퓨터 자격증, 각종 금융 자격증 등등등.

내가 항상 존경하고 감사해하는 삼성동 모 외국계 회사의 김양경 이사께서는 이런 말씀을 해주셨다.

"인생은 INPUT 대비 OUTPUT이다."

무언가 공을 들인 만큼 반드시 성과가 있어야 한다는 의미이다.

위에 수많은 자격증을 딴 친구의 노력, 그리고 삶에 대한 열정과 패기는 너무나 칭찬해주고 싶다. 안면은 없지만 반드시 성공할 친구라고 단언할 수 있다. 하지만 열심히 공부하고 공부해서 학자가 될 것도 아니고, 그놈의 공부, 공부, 공부, 자격증, 자격증, 자격증 수집만하다가 인생을 다 허비할 순 없지 않는가. 우리는 삶을 즐기기 위해서 이 땅에 태어났다고 감히 말하고 싶다.

삶을 즐기기 위해 돈이 필요하고, 그까짓 돈은 벌면 그만이다. 그러기 위해서 일반적이고도 뻔한 자기계발 말고, 직접적으로 돈과 관련된 자기계발을 해야 한다. 그러나 사실 나는 자기계발을 하려고 부동산을 공부한 것은 아니다. 어찌어찌 등 떠밀려 하게 된 부동산 공부이지만 꽤 덕을 많이 보고 있다.

부동산이라는 재테크 공부를 해서 집도 사보고 상가도 사봤다. 그리고 부동산 계약서도 내가 쓱쓱 써서, 세입자들과 계약서에 도장도 날인해보고, 때론 그들과 테이블에 앉아 이런저런 조건들에 대해 이야기 나누어 보기도 했다.

환차익을 위한 외화재테크도 좋고, 펀드재테크도 좋고, 주식재테크도 좋고, 여러 가지 재테크 공부가 있을 것이다. 나는 그중 반드시 일정 수준 이상으로 개념을 잡고 있어야 하는 재테크는 부동산이라고 단언한다. 어떠한 재테크를 하던, 부동산을 빼놓은 재테크 포트폴리오는 완벽할 수 없기 때문이다. 그리고 이에 대해 반론을 하는 재테크 전문가는 지구상에 없을 것이다.

우리 사회는 앞에서 자격증 수집가 소녀 같은 친구들을 기특해 한다. 하지만 그 소녀의 인생 최종 목표가 정말 자격증 취득이었을까. 인터뷰에서 보여줬던 그녀의 환한 웃음이 그저 자격증 수집가로 살아가는 데에 만족한 얼굴이었을까. 아마도 그녀의 최종 목표는 만족할 만한 소득을 갖고, 가정을 꾸리고, 남들에게 베푸는 삶일 것이다.

나는 그 소녀에게 말해주고 싶다. 이제는 재테크 공부를 하라고. 이제는 그 열정으로 진짜 돈이 되는 공부를 해서 취업이나 직장이라는 스트레스를 뛰어넘어, 자유로운 환경에서 본인이 좋아하는 공부를 원 없이 해보라고. 재테크 공부가 당신의 진짜 목표를 더 빨리 이루어줄 것이라고.

사실 나는 이런 질문을 많이 받는다. "그래서 그 부동산 공부는 뭐부터 하면 되는 건데? 나도 좀 해보자! 부동산재테크 공부!" 생각 같아서는 "공인중개사 책 사다놓고 인터넷 강의 들으면서 하세요" 라고 말해주고 싶다. 내가 그렇게 했으니까.

그런데 이렇게 조언해주는 건 쉽지만, 실질적으로 듣는 사람 입장에서는 굉장히 어렵다는 것을 잘 안다. 나도 사회인인지라 그들의 상황을 너무나도 잘 아니까. 그들은 직장도 다녀야 하고, 주말에는 모자란 잠을 몰아서 자고, 자녀가 있다면 양육도 해야 하는, 이래저래 신경 쓸 일이 많은 직장인이라는 것을 나는 잘 안다.

그래서 이런 조언을 하기 조심스럽다. 그리고 그들이 막상 내 말대로 실천을 한다고 해도, 내가 부동산 공부를 할 때 얼마나 온 신경을 다 써서 치열하게 공부했는지 아직도 생생하게 기억하고 있기 때문에 걱정스럽기도 하다.

우선 '시간적인 제약이 없다'면 FM적인 방법이긴 한데, 인터넷에 있는 공인중개사 강의를 들으며 부동산공부를 하기 바란다. 나도 인터넷 강의로 처음 부동산을 공부했다.

'인터넷강의가 체질에 맞지 않다면' 현장강의를 하는 학원을 다니는 것도 좋다.

'학원 갈 돈과 여유는 없지만 공부를 꼭 하고 싶다면' 무료 공인중개사 인터넷 강의를 청강하기 바란다. 유튜브에서 검색해보면 꽤 있다. 요즘은 출판사에서 판매량을 높이기 위해 출판된 책의 내용을 인터넷으로 무료 강의해주는 곳이 더러 있다. 강의의 질도 좋다.

'학원 갈 돈은 없고, 졸음이 쏟아져 인터넷강의는 못 듣는다'고 하는 사람은 절실함, 절박함이 부족한 것이다. 스스로 '나는 인터넷 강의는 체질상 맞지 않아'라며 최면을 걸고 있는 것이라고 밖에는 해줄 말이 없다. 사람은 마음먹기 나름이다. 그리고 사실 나의 경우, 필기하기에는 현장 강의보다 인터넷 강의가 더 좋았다.

그리고 시간적으로 제약이 많은 직장인들의 경우, 처음에는 부동산에 관련된 가벼운 책부터 읽는 것도 좋다. 너무 무거운 느낌의 책은 들고 다니면 폼은 좀 나겠지만, 금방 질려버리는 수가 있다. 쉬운 책부터 공략하자. 그리고 점차 전문적인 내용의 책도 도전해서 읽다 보면, 깨알 같은 부동산 지식이 퍼즐의 조각처럼 조금씩 맞춰지는 기분을 느낄 수 있을 것이다. 그리고 부동산에 대한 지식이 본인도 모르는 사이 점차 늘 것이다.

서점을 가까이 하자. 심심하면 운동 삼아 근처 서점에 들러 부동산 재테크 코너를 기웃거려보자. 나도 그곳에서 유레카를 외쳤고, 지금의 내가 있을 수 있었다.

또 한 가지! 나는 부동산에 대해 이런 저런 질문을 정말 너무 많이 받고 있어서, 이제는 나의 블로그와 카페 등 SNS에 부동산 관련 정보를 많은 분들과 공유하고자 한다. 또 부동산 재테크와 관련하여 재미있는 일일특강 등도 기획하고 있는데, 많은 분들이 부동산에 대해 편견을 깰 수 있는 계기가 되었으면 좋겠다. 아울러 부동산에 대해 궁금한 점이 있다면 이 책 표지 앞날개에 소개되어 있는 연락처나 SNS 등으로 문의 주셔도 좋다.

02

공부 비결과 부자 되는 비결은 다르다

나는 어렸을 때부터 엘리트에 대한 환상이 깊었다. 내 어린 시절 욕쟁이 영어선생님의 영향이 아마도 제일 컸던 것 같다. 욕쟁이 영어선생님의 발음은 독특하셨지만, 진심으로 영어를 잘 가르치시던 스승이었다. 남학생들에게 욕설은 많이 하셨지만, 진심으로 학생을 위한 강의를 하고자 늘 연구하는 분이셨고, 일본식 영어학습에 물들어 있던 영어교수방법에 대해서도 강하게 반대하는 시대를 앞서 가는 스승이었다.

스승님의 단점이라면, 엘리트주의가 너무 심한 분이었다는 것이다. '영어를 못하면 좋은 대학도 진학할 수 없고, 그렇게 되면 좋지 않은 환경에서 직장을 잡게 되고, 낮은 월급을 받으며 살아야 하고, 결국 수준 이하의 반려자를 만날 것이고, 평생 흙수저 인생을 면치 못하며 살다가 죽을 것'이라는 게 그 선생님의 주요 논리였다. 그러니 내 제자들은 예외 없이 모두 출세의 기본인 영어공부를 월등히 잘해야 한다는 강한 의지를 가진 스승이었다.

나도 그런 선생님의 영향을 많이 받아서인지 공부를 꽤 열심히 하긴 했다. 나보다 나이 한참 많은 언니, 오빠들이 보는 책을 읽고 공부하는 게 내 삶의 즐거움이었던 시절이 있었다. 그러나 어떠한 사정으로 나는 그토록 염원하던 엘리트 코스를 밟지는 못했다. 그에 대한 좌절도 컸다. 영어 선생님의 말대로 남은 내 인생은 앞으로 쓰레기처럼 살게 될 것이라는 두려움이 나를 압도했다.

그런데 사회생활을 여러 해 겪어보고 나서 느낀 것이지만, 공부 많이 하고 학벌 좋은 사람들이 꼭 성공하는 인생을 살지는 않는다는 것을 알게 되었다. 내가 사회 나와서 본, 소위 좋은 대학을 나오고 좋은 대학원을 나온 사람 대부분은 다음과 같이 살고 있었다.

월급이 적다며 자신의 가치를 인정해주지 않는 회사에 대해 원망을 한다. 혹은 자신이 다니는 회사가 중소기업이라며 늘 푸념을 한다. 늘 가던 식당의 점심값이 500원 올랐다며 인플레이션에 슬퍼한다. 스타벅스에서 커피 한 잔 값을 지불하고 나서 큰 사치라도 부렸다는 듯이 자기 자신을 반성한다. 쇼핑몰의 의류 브랜드들이 단체로 세일하는 날만을 손꼽아 기다린다. 세일 시즌이 아니면 절대 옷을 사지 않겠다는 본인의 굳은 신념에 대해 자부심을 가지고 있다. 부동산 뉴스를 보며 언제쯤이나 내 집 장만을 해볼 수 있는 것이냐며 서민을 위한 정책을 펴지 않는 정부에 대해 욕하며 분노한다.

그들 모두 영어라면 혀를 내두를 정도의 영어 능력자들이었고, 모두 고학력자들이었다.

나는 지난날 욕쟁이 영어 스승님이 심어주신 엘리트에 대한 환상이 틀렸다고 감히 단언한다. 물론 저학력자면, 사회에 나와서 좋지 않은 환경에서 일하며, 남들보다 더 고된 일을 하게 될 가능성이 다분하다는 것에는 이의가 없다. 어쩌면 양아치 집단에서 평생 헤어 나오지 못하는 불운을 겪을 수도 있다.

나는 적어도 학벌이 좋고, 고학력자라면 모두 성공가도를 달릴 줄 알았다. 그러나 사회에 나와 보니 그렇지도 않았다. 스승님이 공부하던 시절과 우리가 공부하던 시절은 달랐다. 스승님이 사회생활을 하던 시절과 우리가 사회생활을 시작하는 시절은 철저히 달랐다. 공부 잘하는 녀석이 성공하는 시대가 아니란 것을 너무나 선명하게 느낄 수 있었다.

인터넷 SNS에 돌아다니는 이미지 중에 다음과 같은 내용의 재밌는 이미지가 있다.

- **교수 / 의사 / 과학자** = 학창 시절 성적표 A+
- **선생님** = 학창 시절 성적표 A, B+
- **직장인** = 학창 시절 성적표 B, C+, C, D+, D
- **CEO** = 학창 시절 성적표 F
- **정치인** = 부정행위
- **억만장자** = 중퇴

아이러니하지 않는가. 이 이미지의 내용에서 정치인과 억만장자는 성적에 대한 언급조차 없다. 사실 세상에서 부와 권력을 쥔 사람은 이 두 사람인데도 말이다. 그나마 성적에 대한 언급이 있는 사람 중에 CEO는 F라니 기가 찰 노릇이다.

나는 혹여 돈에 대해 관심 많은 10대 청소년이 이 책을 보고 있다면 이렇게 말해주고 싶다. 영어, 수학, 과학 공부 잘한다고 부자로 잘사는 것은 아니라고. 고려시대 때에는 그랬을지 모르겠지만, 21세기에는 어림없는 논리라고.

하지만 별다른 특기가 없다면 일단 공부는 하고 있으라고 말해주고 싶다. 기본소양은 부와는 상관없이 인생을 살아가는데 필요하기 때문이다. 다만 성적이 좋다는 것이 부자가 되기 위해 반드시 절대적인 요소는 아니라고 말해주고 싶다. 내가 여태껏 관찰한 부자들은 대부분 그러했다. 물론 나의 논리는 대대로 이어져 오는 엘리트 집안의 수재에는 해당사항이 없다. 엘리트 집안의 수재는 개차반이 아닌 이상, 대부분 상당히 똑똑하고, 학벌 좋고, 스펙 좋은, 모든 것을 다 갖춘 인재들이다.

금수저 출신이 아님에도 불구하고 굳이 부를 얻고자 한다면, 과거의 나처럼 이루지 못한 엘리트 코스에 대해 절망하는 대신, 부와 관련된 공부를 해야 한다. 어떻게 하면 부자가 될지 고민하고 궁리를 해야 한다.

부자가 될 궁리를 하는 사람이라면 반드시 해야 할 공부로 다음과 같은 것들이 있다. '부동산', '주식', '세금', 그리고 좀 더 범위를 확장해서 사업을 하려는 사람이라면 '회계', 그리고 나아가 '고전', '철학' 등. 그중에 부동산과 주식은 반드시 배워야 하는 부의 절대학문이자, 기초학문이라고 말해주고 싶다. 세상의 흐름을 읽기에 이보다 더 좋은 공부는 없는 것 같다.

나는 자신의 부에 대해 만족하지 못하는 사람들에게 부동산과 주식을 공부하기 위해 얼마간의 시간을 투자했으며, 얼마의 금액을 지불했고, 어느 정도의 노력을 했는지 물어보고 싶다.

나는 몇 푼 안 되는 벌이에, 평범한 일개 말단 사원일 때에도 주식 공부를 위해 학원(아카데미)을 찾아가 공부했다. 또, 내 의도는 아니었지만 어쩌다보니 목숨을 걸고 부동산 공부를 했다. 친구들이 뾰족 구두를 신고 예쁘게 치장을 하고 꽃놀이와 클럽에 놀러 다닐 때, 드라마와 쇼프로에 미쳐있을 때, 가수들의 콘서트를 즐기고 있을 때, 나는 그런 공부를 했다. 다른 공부들은 나를 배신했지만, 이 2가지 공부는 나를 배신하지 않았다.

감히 말하고 싶다. 우리는 요즘 유행인 증강현실 게임이나 드라마에 몰두해있을 때가 아니라고. 그것들에 빠져있을 때 내 삶의 주인공은 내가 아니라고. 물론 증강현실이나 드라마로 사업을 해 만족할 만한 돈을 벌고 있다면 예외이다.

03

부동산 공부는 부의 추월차선이다

나는 여의도에 있으면서 많은 것들을 보고 느꼈다. 내가 다니던 회사는 굴지의 대기업이어서 쟁쟁한 스펙의 친구들과 같이 일할 수 있었다. 나는 이들과 같이 일하며 열등감이라는 감정을 꽤 많이 느낄 수 있었다. 이 친구들로 말할 것 같으면 단순히 스펙이 좋고 나쁘고의 차원을 넘어, 가문 자체가 비범한 친구들이다. 예를 들면, 한 해의 수백억을 버는 기업 오너 아버지, 화랑을 운영하는 어머니, 정치인 할아버지 또는 친인척 등등이다. 이들에게 회사생활은 부모님의 사업을 이어받기 위한 사회생활 연습, 혹은 준비기간 정도로밖에 보이지 않았다.

나는 그런 그들이 부럽기도 하고, 내가 가지지 못한 스펙이나 환경에 대해 자괴감도 많이 들었다. 우울증도 심했다.

'나는 아무리 노력해도 저들처럼 될 수 없겠구나.'

'나도 저런 금수저 친구들처럼 좋은 환경에서 자랄 수 있었다면, 나도 지금과는 많이 달랐을 텐데….'

'내가 저렇게 되려면 어떻게 해야 할까. 방법이 없는 걸까. 정말 다시 태어나는 수밖에는 없는 거겠지. 그냥 새벽에 소리 소문 없이, 고통 없이 죽고 싶다'는 생각도 많이 했다. 아침이 눈이 떠지는 게 정말 싫었다. 실로, 내 자신을 정신적으로 학대하던 시절이었다.

하지만 나는 욕심이 많은 사람이었다. 포기가 절대 안 되는 사람이었다. 남들처럼 그냥 다 내려놓고 살면 편할 텐데, 그게 안 되는 것이었다. 20대 중반을 넘어 후반으로 넘어갈수록, 현실을 직시하고 맞춰서 살아간다는데 나는 그마저도 해당되지 않았다. 나는 더더욱 우울증이 심해서 사는 게 사는 게 아니었다. 무언가 출구가 필요했다.

나는 방법을 찾기 시작했다. 어떻게 해야 저 친구들을 넘어설 수 있을까. 어떻게 해야 한 번 사는 인생 멋지게 살 수 있을까를 고민하기 시작했다. 방법으로는 로또 당첨도 있을 것이고, 부잣집에 취집도 있겠지만 현실적으로 와 닿지 않았다. 유학을 가볼까라는 생각도 했지만, 유학비용을 떠나서 유학을 다녀오고 제대로 취직이나 할 수 있을지에 대한 확신이 없었다. 유학 다녀오고 과연 인생이 업그레이드 될지도 의문이었다.

이런 나에게 부동산은 아이러니하게도 희망이 되어 주었다. 부동산이라면, 잘하면 저 수백억 자산의 친구들을 뛰어넘게 해줄 것만 같았다. 부동산은 뭐랄까, 나에게 추월차선이 되어줄 것 같은 막연한 희망이었다.

최근에 미국 아마존 금융/사업 분야 서적 베스트셀러를 했다는 《부의 추월차선》이라는 책을 읽었다. 이 책의 저자는 엠제이 드마코라는 사람인데, 소위 흙수저의 삶에서 30대에 자수성가하여 백만장자가 된 사업가이다. 그는 그의 책에서 휠체어 탄 백만장자는 부럽지 않다며, 천천히 돈을 버는 개념에 대해 반대하고 있다. 그리고 죽도록 일해서 돈을 벌고, 아끼고, 모으는 것만으로는 절대 젊어서 부자가 될 수 없다고 말하고 있다.

사실 그도 몇 년 전까지 청소 일을 하며 근근이 생계를 꾸려가는 청년에 불과했다. 하지만 부자가 되는 특별한 공식, 즉 젊은 나이에 부자가 될 수 있는 부의 추월차선 법칙을 발견하여 단시간 내에 수백억대의 자산가가 되었다고 한다. 그리고 그의 저서를 통해 실제 부자들이 돈을 번 방법에 대해 알려주고 있었다. 그는 단기간에 부자가 될 수 있는 사업으로 임대 시스템, 컴퓨터 · 소프트웨어

시스템, 콘텐츠 시스템, 유통 시스템, 그리고 인적 자원 시스템을 언급했다.

이 중에 나는 '임대 시스템'에 대해 주목했다. 여기에서 말하는 임대 시스템이란 부동산 임대뿐만 아니라 장비나 차량 임대, 또는 로열티, 라이선스 등으로 얻을 수 있는 수입을 말한다. 이 임대 시스템의 장점은 쉽게 말해, 나의 시간을 소비하고 노력을 해야 발생시킬 수 있는 소득이 아니라, 단지 자유롭게 인생을 즐기다가 한 달에 몇 번 정도 통장의 입금액을 확인하면 되는 소득이라는 점이다.

그가 말하는 임대 시스템으로써 가장 대표적인 종목은 역시 부동산 임대이다. 그는 '부동산 임대'에 대해, 오래된 방법이지만 여전히 부자가 되는 확실한 길이며 부의 추월차선이자, 부의 기본단계라고 표현하고 있다.

나 역시 그의 추월차선 논리에 전적으로 동감한다. 내가 해보니 정말 그러했다. 내가 집을 사고, 1년에 몇 번 정도 세금을 내고, 그 외의 노력은 정말 별로 한 것이 없는데 매달 입금이 있다. 나는 이 사실이 아직도 재미있다. 직장생활이나 사업은 무언가 굉장한 노력을 해야 한다. 꾸준한 성실도 요구한다. 하지만 상대적으로 부동산 임대는 정말이지 노력이랄 게 많지 않다. 그럼에도 불구하고 나에게 돈, 현금 흐름(Cash flow)을 가져다준다.

그리고 소소한 재미지만, 통장 정리하는 재미를 안겨다 준다. 대부분 사람들은 통장 정리할 때 ATM기에서 나는 '찍찍' 기계소리가 싫다고 한다. 그 기계소리가 대부분 지출을 의미하는 '돈 나가는 소리'이기 때문이라고 한다. 하지만 나는 통장 정리할 때 ATM기 기계소리가 너무 좋다. 특히 임대료가 있는 날이면 그 다음 날 통장 정리할 때 정말이지 좋다.

그리고 또 부동산을 매입해보고 임대도 놓아보고 하며 느낀 것인데, 통장에 찍히는 숫자의 길이가 달라진다. 확연히 다르다. 직장생활 했을 때에는 그렇게 많은 금액이 한꺼번에 내 통장에 찍힌 적이 없었다. 나는 이 점을 늘 감사하게 생각한다.

또 하나 흥미로운 것은 내가 '집주인'이라는 사람이 되어보니, 나의 위치가 달라진 게 느껴진다는 것이다. 특히 임차인(세입자)과 만날 때 그러하다. 감히, 갑(甲)의 입장이 무엇인지 조금은 알게 되었다. 그래서 그들이 상처받을까봐 더 조심스럽게 행동하는 부분도 생겼다. 그리고 나 같은 작은 부자가 이런데, 대한민국의 재벌, 갑부라 불리는 소위 '큰 부자'들은 어떨까라는 생각도 하게 되었다.

나는 뜻이 있는 20대라면 부의 추월차선을 타기 위해 부동산공부를 꼭 하라고 말해주고 싶다. 초, 중, 고등학교, 대학교 때의 공부보다 더 중요한 공부다. 학창 시절에 수학공식을 달달 암기하고, 영어단어 1만 개를 외울 열정은 있었으면서, 왜 부동산을 공부할 열정은 없는지 묻고 싶다. 심지어 부동산 공부는 꼬부랑말도 별로 없고, 모국어로 된 공부인데도 말이다.

설마, 단순히 부동산 관련 기사나 뉴스에서 말하는 '부동산 폭락론' 광신도이기 때문에 부동산 공부를 하지 않는가. 나는 이런 분들이 제일 안타깝다. '부동산 폭락론'을 주장하는 사람은 그 콘셉트로 돈을 버는 사람이다. "자, 보십시오. 부동산 거품 빠지지 않습니까! 부동산 막차 탄 사람들은 은행 빚에 눌려서 다 거지가 될 겁니다. 제 말이 맞지 않습니까!"라며 인터뷰를 하고, 칼럼을 쓰고, 방송에 나와 돈을 번다.

또 '부동산 상승론'을 주장하는 사람들도 마찬가지로 그 콘셉트로 돈을 버는 사람이다. "자, 보십시오. 부동산 오르지 않습니까! 부동산 폭락한다고 다들 그랬는데, 왜 오르는 겁니까! 대한민국은 부동산 불패입니다! 제 말이 맞지 않습니까!"라며 인터뷰를 하고, 칼럼을 쓰고, 방송에 나와 돈을 번다.

물론, 어느 자산이든 상승세를 탈 때도, 하락세를 보일 때도 있는 법이다. 시장은 늘 호황과 불황을 왔다 갔다 할 것이다. 중요한 것은 어떤 자산을 매입하던 '남는 장사'를 해야 한다는 것이다. 시장이 폭락하는 것은 중요한 것이 아니다. '내가 남는 장사를 했는가'가 제일 중요하다. 중요한 것은 결국 마진이다. 너무나 당연한 말이지만, 결국 남는 장사를 해야 돈을 벌 수 있는 것이다. 숲도 중요하다지만 대부분의 숲이 폭락한다 하더라도, 나의 나무가 굳건하고 나의 나무가 열매를 맺는다면 좋은 시황이 아닌가싶다. 내 주변 사람 대부분이 감기가 걸린다고 해서, 꼭 100% 나도 감기가 걸리는 것은 아니지 않는가. 내가 감기에 걸리지 않는다면 그 독감유행은 의미가 없는 것이다.

우리는 이 '남는 장사'를 하기 위해 좀 더 낮은 가격에 자산을 매입하여, 향후 매도 시에 마진을 높여야 한다. 그러기 위해 내가 매입하고자 하는 자산의 현재 금액이 정말 저평가되어 있는지 알아보는 혜안이 필요하다. 그러기 위해 우선 부동산이란 무엇인지 개념을 알고 있어야 하고, 그러기 위해 결국 부동산 공부를 해야 하는 것이다.

시장의 상황은 중요하지 않다. 대공황이나 IMF 때에도 그 기회를 틈타 승승장구하는 사람이 있었고, 태평성대에도 거지는 있었다. 이것이 부의 추월차선을 타기 위해 우리가 부동산을 공부해야 하는 이유이다.

04

무조건 부동산 고수에게 배워야 한다

서점에 가보면 부동산 재테크 책들이 즐비하다. '땅을 사면 부자가 됩니다', '상가를 사세요. 이제 아파트는 물 건너갔습니다' 등등 각기 다른 부동산 투자철학을 가진 부동산 고수들이 자신의 투자 성공담을 세상에 어필하는 각축장처럼 보일 정도이다.

내가 생각하는 가장 이상적인 투자 고수는 투자에 대해 국내외적으로 넓은 시야를 가지고 있으면서, 투자에 대해 조언을 구하는 사람의 투자 성향 및 자금상황을 고려하여 알맞은 조언을 해줄 수 있는 사람이다. 우리는 이러한 고수들을 찾아 자문을 구해야 한다. 그렇다면 이 고수들은 어디에 숨어 있을까.

세상의 많은 투자 고수들은 전국 혹은 세계를 무대로 강연을 한다. 물론 이들은 우리가 있는 지역에 강연을 하러 오기도 한다. 이

때 우리는 버선발로 쫓아가 그들의 투자 강연을 들어야 한다.

그동안 내가 청강한 부동산 투자 멘토(혹은 고수)들의 강연을 다음 몇 가지로 요약해보았다. 이곳에서 부동산 투자 고수들을 만나 그들의 명함을 받고, 그들의 책도 선물 받고, 그들의 고견을 들을 수 있었다. 그리고 그들의 조언을 토대로 나의 투자에 대해 반성하기도, 때로는 전혀 몰랐던 좋은 정보를 발견하기도 했다. 부동산을 넘어 세계 금융시장의 트렌드 등, 그들의 강연에서 많은 것을 배울 수 있었다. 또 그들에게 궁금했던 내용들과 그들의 투자철학을 이메일로 문의하기도 하고 답변도 받으며, 성공한 사업가들의 사고를 배웠다. 그렇게 그들은 기꺼이 나의 부동산 투자 그루(스승)가 되어줬다.

TIP 내가 부동산 고수들을 만날 수 있었던 곳들

❶ **매년 5월에 개최되는 서울머니쇼(www.seoulmoneyshow.com)**
4월에 서울머니쇼 참관신청을 한다. (4월 달력에 메모해 둔다.)

❷ **매년 6월에 개최되는 부동산 박람회 시티스케이프 (www.cityscapekorea.co.kr)**
5월에 부동산 박람회 시티스케이프 참관신청을 한다. (5월 달력에 메모해 둔다.)

❸ 매년 9월 개최되는 CNBC 재테크포럼

8월에 CNBC 재테크포럼 참관신청을 한다. (8월 달력에 메모해둔다.)

❹ 매년 10월에 개최되는 서울국제금융컨퍼런스(www.sific.org)

9월에 서울국제금융컨퍼런스 참관신청을 한다. (9월 달력에 메모해둔다.)

❺ 매년 11월에 개최되는 부산머니쇼(www.busanmoney.co.kr)

10월에 부산머니쇼 참관신청을 한다. (10월 달력에 메모해둔다.)

❻ 매년 12월에 개최되는 조선일보 재테크 박람회 (www.chosun-moneyexpo.co.kr)

11월에 조선일보 재테크박람회 참관신청을 한다. (11월 달력에 메모해둔다.)

이 강연들은 정말이지 모두 다 주옥같은 강연과 보배 같은 정보가 있는 박람회라고 할 수 있다.

특히, 매년 마지막 12월은 조선일보사에서 주관하는 재테크박람회가 있는 달이다. 박람회에서 주최 측은 세계적으로 유명한 석학이나 금융전문가, 사업가 등을 초빙해서 그들의 강연을 들을 수 있는 좋은 기회를 제공한다.

그리고 박람회에서 이 강연자들은 한 해 동안의 거시적인 세계 경제 흐름과 내년의 경제 전망, 정부 정책 등을 예측하는 강연을 한다. 이런 강연들은 넓은 시각에서 세상의 흐름에 대해 배울 수 있는 기회다. 그래서 나는 이러한 좋은 기회를 놓칠 수 없어 연

차를 아껴 휴가를 내고서라도 매년 이 박람회를 꼭 찾아간다. 사실 직장생활을 하다보면 일에 파묻혀 거시적인 관점의 경제 흐름을 놓칠 수 있는 경우가 많은데, 이러한 점을 보완하기에 이 박람회는 나에게 좋은 기회이자 좋은 스승님이 되어 주었다.

또 박람회에는 대한민국의 내로라하는 각종 금융회사의 부스들이 모두 모여 있다. 은행부터 보험, 증권 등이 총망라된 금융의 장과 같은 곳이어서, 금융회사의 상담을 받기에도 아주 좋다. 게다가 그 부스 안에서는 각 금융회사의 꽤 높은 직급의 분들이 상담을 해준다. 소위 그 회사의 상당히 유능하고 훌륭하고 관록이 있는 전문가에게 상담을 받을 수 있는 좋은 기회라는 뜻이다. 그들과 대화를 나누면 정말 재미가 있다. 내가 몰랐던 부분에 대해서 질문하면 너무나 쉽고 친절하고 빠르고 정확하게 알려준다.

나는 이 박람회에서 배운 것들이 정말 많다. 특히 은행과 같은 금융회사 부스에서 내가 가지고 있는 자산에 대해 문의나 상담을 요청하면, 금융회사의 임직원분들이 상담해주시다가 나를 응원해주기도 한다. 어린 친구가 기특하다는 눈빛으로 나를 보며, 모르는 것이 있거든 언제든 연락하라고 선뜻 명함을 건네주시기도 한다. 나는 이럴 때 약간 뿌듯함을 느낀다. 그리고 '더욱더 발전해야지'라는 욕심도 갖게 된다. 나에게 이 박람회는 매번 좋은 자극이 되어

주는 것 같다.

나는 이 재테크 박람회에서 로저스 홀딩스의 짐 회장님을 뵐 수 있었다. 박람회의 첫날 아침, 화장도 거의 안 하고, 흑장미가 여러 송이 프린트된 흰 티에 청바지를 대충 입고, 막 신기 좋은 털 어그 부츠를 신고, 대충 점퍼를 입고 목도리를 두르고 대치동 재테크박람회를 가기 위해 아침 일찍 집을 나섰다.

그날 강연 중에 가장 기대가 되는 강연이 두 개 있었는데, 첫 번째는 기조 강연자로 강연할 '4200%의 수익률을 이뤄낸 월가의 살아있는 전설' 짐 로저스 회장의 강연이었고, 두 번째는 '일본의 잃어버린 20년과 싸운 재테크'라는 주제로 강연을 하게 될 일본의 워렌 버핏이라 불리는 사와카미 아쓰토 회장의 강연이었다. 이 강연들을 들을 생각을 하며 신나는 마음으로 전철을 타고 대치동으로 가고 있었다.

아침 일찍 새벽같이 일어나다보니 조금 졸려서 전철 안에서 눈을 붙이고 있었는데 휴대전화의 진동이 느껴졌다. 이른 아침에 전화 올 곳이 없는데 이상하다 여기며 모르는 전화번호였지만 전화를 받았다.

당시 나에게 전화를 주신 분은 《콘트래리언》의 저자이자, 조선일보사의 기자인 이신영 기자였다. 그는 "'짐 로저스와의 런치토크'에 응모하신 이하나님이시죠?"라고 운을 떼며 말했다.

"오늘 런치토크에 당첨되어 오시기로 하신 분 중에 한 분이 못 오셔서 그러는데 오늘 오실 수 있으신가요? 대기자 명단 중에 하나 씨가 제일 첫 번째 분이라 가장 먼저 전화 드렸어요."

나는 안 그래도 박람회에 가고 있는 중이었고, 참석하겠다고 대답을 했다. 그리고 이어서 기자님은 짐 회장에게 추가로 더 질문하고 싶은 것은 없는지 내게 물어보았다. 전철에서 졸다가 받은 전화임에도, 마치 준비하고 있었다는 듯 여러 가지 질문이 갑자기 술술 생각이 나서 기자님에게 말해드렸다.

당시 박람회에 '짐 로저스와의 런치토크'라는 이벤트가 있었다. 사전에 짐 회장에게 궁금한 질문들을 박람회 홈페이지에 올리면, 그중에 좋은 질문을 한 응모자 몇몇을 초대해 짐 회장과 런치타임을 가지며, 그에게 투자에 대한 조언이나 궁금한 사안을 물어볼 수 있는 이벤트였다. 그런데 내가 인터넷 홈페이지에 응모한 질문들은 좋았지만, 다른 응모자들과 비슷한 질문이어서 탈락이 되었다고 한다. 하지만 박람회 측에서 런치토크 참석자 중 결원이 생길 시를 대비해 대기자명단을 만들었는데, 그 명단자 리스트 중에 내가 첫 번째였다고 한다.

내심 '내가 좋은 질문도 많이 했는데 왜 탈락을 했을까?'라는 생각과 함께, 응모에 탈락은 했지만 느낌적인 느낌으로 그 런치토크에 갈 수 있을 것만 같은 느낌이 들었었다. 신기하게도 직감이 맞아떨어졌고, 참석 여부의 확정은 박람회 당일 아침 7시 한 통의 전화를 받음으로써 확정되었다. 그렇게 본의 아니게, 추리한 차림으로 월스트리트 전설님을 알현하게 되었다.

대치동에 도착한 후, 박람회에서 짐 회장의 기조연설을 들었다. 예상대로 훌륭했다. 주요 내용은 중국은 여전히 매력적인 투자대상이라는 것이었다. 그의 중국에 대한 애정을 느낄 수 있는 연설이었다. 많은 투자자들이 많은 부분에 있어서 아직은 불투명한 중국에 대해 걱정하지만, 그는 모든 것이 안정된 곳은 투자 메리트가 없다고 연설했다.

이어서 기다리고 기다리던 그와의 런치토크 시간이 되었다. 당시 나를 제외한 참석자들은 10명이 조금 넘었다. 나에게 전화를 주었던 기자님도 런치토크를 함께했다. 응모에 당첨이 되어 참석한 사람들이 돌아가며 짐 회장에게 질문을 했다. 나는 약간 긴장이 되어서 내 질문을 마친 뒤 런치를 먹어야겠다고 생각했다. 이윽고 나는 내 소개를 하고 몇 가지 질문을 했다. 그중 내가 궁금했던 질문은 2가지였다.

1. 2015년 12월 지금, 미국은 곧 금리인상을 발표할 것으로 예상되는데, 이에 대해 (한국에 조그마한 부동산을 가진) 나 같은 개인 투자자의 대응 방향
2. 앞으로의 (귀금속을 포함한) 금 가격 추이

나의 질문이 끝나고 짐 회장께서 답변을 해주셨다. 내가 문의드린 내용 이상으로 조언을 얻을 수 있었다. 정말 피가 되고 살이 되는 귀한 조언이었다. 참석자들의 모든 질문이 끝나고, 참석자들과 함께 그의 저서에 그의 사인을 받는 행운도 얻을 수 있었다.

그날 이후로 나는 짐 회장께 이메일로 투자에 대한 조언을 부탁하고는 한다. 가끔 인생 상담을 요청하기도 한다. 나로서는 그 박람회를 통해 감히 '역대급 투자 스승님'을 얻었다고 할 수 있다.

혹자는 부동산과 직접적인 관련도 없는 사업가들이 뭐 그리 배울 것이 있겠냐고, 굳이 시간을 내 그들의 강연을 쫓아다니면 지금 당장 투자에 대한 비범한 능력이라도 생길 수 있는 것이냐며 회의적으로 생각할지도 모르겠다.

하지만 내가 각종 포럼과 박람회장에서 만난 그들을 나의 투자 멘토로 여기고, 그들에게 조언을 구하는 이유는 단순히 돈을 많이 번 성공한 사업가에 대한 동경 때문만은 아니다. 어떠한 사업으로

업계 최고의 자리에 오른 사람들은 기본적으로 세상에 대한 통찰력이 깊다.

나는 세상에 대한 이해와 통찰 없이는 돈도, 사업도, 명성도 모두 불가능하다는 것을 안다. 나는 그들에게 투자의 지식, 사업에 대한 감각, 그리고 세상에 대한 통찰력을 끊임없이 배우고 싶다. 투자박람회나 금융 컨퍼런스들은 이런 것들을 가능하게 한다. 그래서 우리는 고수와 만나야 한다. 그리고 우리는 고수에게 배워야 한다.

05

금리가 인상될 때 집을 사야 한다

미 연준에서 금리를 다시 한 번 더 인상했다. 이제는 정말 금리 인상의 압박이 한국으로도 성큼성큼 오는 상황이다. 뉴스와 언론에서는 집값이 떨어지고 있다는 기사가 나오고 있다. 유명포털 사이트의 부동산 관련 기사 하단에 있는 댓글들을 보면, 대출 끌어다 투자한 투기꾼들 꼴 좋다며 곧 부동산 폭락이 올 것이라며 연일 환호성이다.

"집 사놓은 거 많이 떨어졌지?"

내가 요즘 받고 있는 질문이다. 마치 "드디어 집값이 떨어지는구나!"라며 횡재라도 한 듯한 말투와 함께 '네가 소유하고 있는 부동산들도 결국 집값이 떨어졌겠지?'라는 그들의 질투 어린 눈빛을 보고 있을 때면 웃음이 나오지만 무덤덤하게 표정관리를 한다.

"제 부동산은 워낙 낮은 금액에서 사서 안 떨어졌는데요."라고 하면,

"에이, 뉴스에서 많이 떨어졌다는데 무슨." 이런 식의 반응이다.

어이가 없지만 그냥 한귀로 듣고 한귀로 흘려들었다. 가치 없는 견해에 일일이 응해줄 성의가 내게는 없다.

나는 착각하지 말라고 말해주고 싶었다. 뉴스나 경제기사를 1차원적으로만 생각해서는 안 된다. 특정한 목적이 있는 기사도 있고, 너무 큰 숲의 관점에서만 써내려간 기사도 상당히 많기 때문이다.

그런데 그런 기사를 보고 마치 대한민국의 모든 부동산이 일제히, 예외 없이, 그 기사대로 가치의 등락이 있을 것이라는 판단은 큰 오산이다. 예를 들면 대부분의 부동산 시장이 침체되어 있는 경우에도, 특정 소재지의 부동산은 승승장구할 수가 있음을 알아야 한다. 반대로 대부분의 부동산 시장이 활황임에도, 특정 소재지의 부동산은 빛을 보지 못하는 경우도 있다. 하지만 부동산에 대해 문외한인 사람들은 부동산에 대한 기본지식도 없이, 뉴스나 기사의 지엽적인 내용만보고 단순하게 판단한다. 안타까운 일이다.

금리란 한마디로 돈의 가격이다. 일반 시장에서 물건을 사고팔 때 가격이 존재하듯이 돈을 빌려주고 받는 금융시장에서도 일종

의 가격이 형성되기 마련이다. 금리란 이와 같이 자금이 거래되는 금융시장에서 자금수요자가 자금공급자에게 자금을 빌려준 대가로 지급하는 이자금액 또는 이자율을 뜻하는데, 요즘은 이자율의 의미로 더 널리 쓰이고 있다.

그렇다면 왜 금리를 올리고 내리는 것에 전 세계 사람들이 왜 이렇게 호들갑일까. 학교 다닐 때 가방 속에 들고 다녔던 경제교과서식으로 쉽게 표현하자면 이러하다. 일반적으로 금리를 올리면 사람들은 리스크가 있는 부동산 투자나 주식 투자보다 은행에 예금을 하려 든다. 굳이 위험을 감수하며 투자를 하는 것보다 은행적금 이자만 받아도 만족한다는 뜻이다. 반대로 금리를 내리면 은행에 저금을 해봐야 많은 이자를 받을 수 없기 때문에, 사람들은 은행보다는 수익률이 좋은 주식이나 부동산에 투자를 하게 된다. 돈을 들고 있어봐야 손해니 어디든 투자하게 되는 것이다.

그럼 '금리를 귀찮게 올리거나 내리지 말고, 일정 이상 계속 낮은 상태에 두거나, 높은 상태로 두면 좋을 텐데'라고 생각하는 사람도 있을 것이다. 하지만 저금리 상태를 계속 유지한다면 이자 부담 감소로 기업의 투자진작, 생산성의 증가, 고용의 증대 등의 장점도 있겠지만, 급격한 인플레이션을 초래해 경제가 혼란에 빠지는 단점이 발생할 수 있다.

그렇다고 계속 고금리 상태를 유지한다면 이자 부담이 증가해서 기업은 은행에서 돈을 빌려 투자하려 하지 않을 것이고, 이는 생산의 축소 그리고 고용의 감소, 실업의 증대를 넘어 급기야 경기하강까지 초래하는 단점이 발생할 수 있다.

이 때문에 정부는 필요에 따라 금리를 낮추거나 올리며 경기를 컨트롤하는 것이다. 그런데 지금 미국에서 금리를 높이고 있으니 부동산이나 주식은 이제 무의미한 것 아닐까. 나는 부동산 상승세가 주춤할 때, 혹은 오히려 금리가 오를 때 집을 사야 한다고 말하고 싶다. 기본적으로 금리를 올린다는 것은 경기과열의 위험을 방지하기 위해 시장을 식히는 일이다. 즉, 이는 경제가 살아난다는 증거이기도 하다. 이번 미국의 금리인상을 놓고 '미국 경제의 자신감 회복' 등의 표현이 각종 언론에서 나왔던 이유이다. 미국 경기회복의 의미는 세계 경제의 전반적인 경기회복을 예측하게 한다. 미국의 경기회복이 우리나라에게도 중요한 이유이다.

그렇다면 그동안 낮았던 금리가 오르면 부동산 시장은 어떻게 될까. 단순하게 '금리가 오르니 주식과 부동산은 이제 그만두어야 할 시점이군! 어서 은행에 뛰어가서 저금을 하자!'라고 일차원적으로 생각할 수도 있다. 하지만 정말 그럴까.

우선 금리가 올라가면 단기적으로는 대출이자 등이 상승하기 때문에, 대출을 일으켜 자산에 투자한 투자자에게 부담으로 작용할 수 있다. 즉, 다달이 은행에 납부하는 이자금액이 늘어난다는 뜻이다. 하지만 금리인상으로 부채가 늘어나는 만큼 자산의 가치도 그만큼 높아진다면, 금리인상과 더불어 부동산 거래금액도 오른다면, 이야기는 달라질 것이다.

근본적으로 금리를 인상한다는 것은 경제가 살아난다는 회복신호이고, 경기가 좋아지면 수요가 창출되면서 실물자산의 가치도 본격적으로 상승하게 된다. 이는 부동산 시장이 살아난다는 뜻이 되고, 부동산 시장이 살아난다는 것은 매매를 뜻하는 거래의 활성화를 예상할 수 있게 한다. 그리고 거래의 활성화는 결국 매매금액의 상승을 불러오게 된다.

우리는 금리를 두려워해서는 안 된다. 금리란 기본적으로 일정 시간을 두고 계속 상승을 하다 어느 시점에 다시 서서히 하락 혹은 폭락을 하게 된다. 금리는 시소처럼 오르고 내림을 반복할 뿐 영원한 상승도 하락도 없다. 우리가 진짜 두려워하는 것은 어쩌면 금리인상이 아닐 수 있다. 경기가 고점이라고 할 만한 지점, 즉 금리의 정점에 무리한 대출을 일으켜 자산에 투자하는 소위 '끝물투자'일 것이다.

하지만 다행이도 지금은 저금리에서 조금씩 단계적으로 금리를 인상하는 국면이다. 게다가 미국을 포함한 주요국들이 대부분 부채가 많은 상태이기 때문에, 금리는 단기간에 대폭 인상될 수 없을 것이며, 장기간을 두고 조심스럽게 소폭 인상될 수밖에 없을 것이다.

그동안 낮은 이자의 매력으로 부동산을 사 모으고 있던 사람들은 점차 경기가 회복됨과 동시에 인플레이션의 혜택, 즉 부동산의 가치상승이라는 두 마리의 토끼를 잡게 될 것이다.

06

부동산 지능을 키워라

나는 어려서부터 여의도 증권가에 대한 동경이 강했는데, 그중에서도 금융감독원에 대한 환상은 대단했다.

"어, 여기? Financial Supervisory Service~ 우리말로 하면 금융감독원, 금융을 감독하는데~. 여의도에 있는 거 알 거야."

이 말은 내가 어렸을 때 보던 《줄리엣의 남자》라는 드라마의 한 대사이다. 당시 차태현 씨의 대사였는데, 아마도 나는 이 장면을 보며 어린 마음에 '금감원이라는 곳은 뭔가 대단한 곳이구나'라며 동경하게 된 것 같다. 그리고 간혹 뉴스에서 금융감독원에 대한 내용이 나오면 무슨 내용인지 잘 몰라도 귀를 쫑긋거리며 듣고는 했다.

그러던 몇 해 전, 내가 늘 감사해하는 김양경 이사께서 금감원에서 개인자산상담을 무료로 해주고 있으니 한 번 가보라는 말씀을 해주셨다. 그때 소개받았던 분이 금감원의 유현미 팀장님이었다. 나 같은 사람도 금감원의 상담을 받아도 될까 쑥스러웠지만, 용기를 내서 약속을 잡고 금감원에 상담을 받으러 갔다.

며칠 후 회사에 휴가를 내고 서울 여의도에 있는 금융감독원 본원 1층 금융민원센터에서 상담을 받았다. 상담 프로그램 명칭은 잘 기억이 안 나지만 '개인 재무 설계 무료상담'이었던 것 같다. 상담 내용은 나의 소득, 저축, 부채, 지출 등 재무현황에 대한 전반적인 조언이었다. 칭찬도 해주셨지만, 내가 현재 미흡한 부분은 무엇인지, 개선해야할 부분은 무엇이 있는지 등을 안내받을 수 있었다.

상담은 정말 의외로 200% 만족이었다. 내가 모르고 있었던 부분, 간과했던 부분들에 대해 귀신같이 짚어주셨다. 그리고 상담을 해주셨던 유 팀장님이 하신 말씀 중에 이런 말이 기억에 남는다.

"본인을 사업가라고 생각해야 해요."

당시 이 말이 뭔가 심장 깊은 곳에 박히는 느낌이었다. 상담 이후, '정말이지 이렇게 좋은 재무 설계가 무료라니!'라며 마치 홍보대사라도 된 양, 지인들에게도 알려서 재무 설계를 받게 했다. 혹자는 재무 설계 상담이라 하면 "뭔가 수십억 원대의 자산가나 받는 거 아닌 가?"라며 뒷걸음치거나, 게다가 금감원의 재무 설계 상담이니까 '뭔가 딱딱하고 틀에 박힌 듯한 말만 해주겠지'라고 생각하겠지만 전혀 그렇지 않다. 생각보다 너무나 친근하게 이것저것 자세하게 자산에 대해 상담을 받을 수 있었다. 그리고 상당히 친절하고, 핵심을 꿰뚫는 조언들이 많았다.

은행이나 보험설계사로부터 받는 재무 설계 상담은 결국 대부분 그 회사의 상품을 판매하는 데에 목적이 있지만, 금감원의 재무 설계 상담은 그러한 점이 없다는 면에서 부담이 없어 더욱 매력이 있다. 그리고 나를 상담해주셨던 유 팀장님은 꼭 숙제를 내주신다. 이 숙제는 특히, 자산을 일구고자 눈이 반짝였던 당시 20대의 나에게 꾸준히 재무 설계 상담 받을 수 있는 명분이 되어주기도 하였다.

상담 이후 스케줄이 없어 구경 삼아 금융감독원 건물을 이리저리 돌아다녔다. 그러던 중 2층에 있는 '마루'라는 곳을 발견했다. 나는 이곳에서 요즘 말로 정말 '득템'을 했다. 이곳은 뭐랄까 금감원 홍보센터 같은 곳이었는데, 금융/자산에 관한 책이 많이 비치되어 있었다. 책도 그리 두껍지도 않은 부담 없는 사이즈였다.

특히 10대 전후의 친구들이 읽기 편한 책들도 더러 있었다. 매우 쉽게, 자세하게, 재밌게 기술되어 있어 술술 읽히는 책들이었다. 게다가 운 좋게도 무료로 얻을 수 있었다. 나는 진심으로 '이렇게 좋은 곳이 왜 홍보가 안 되는 거야! 우리나라는 이런 게 문제야'라고 생각하며 좋은 책 몇 권을 얻어왔다. 그리고 10대들이 읽기 편한 금융/자산 관련 책은 나에게 이곳을 알려주신 회사 보스께 드렸다. 그분의 어린 자제분이 읽기에 좋은 책이라 생각했기 때문이다.

아무튼 이때의 인연으로 유 팀장님과는 자주 연락을 할 수 있었고, 작년 2016년도에는 광화문에서 금감원이 주최한 '금융관행 개혁 1주년 국민공감 토론회'에도 초대받아서 다녀왔다. 이 토론회는 변화나 개혁이 필요한 금융관행에 대해, 한 해 동안 금감원에서 이루어낸 성과 등을 알리고 토론을 하는 자리였다.

당시 나는 금융감독원 진웅섭 원장과 같은 테이블에 앉아 토론회를 참석할 수 있었다. '와, TV에서 보던 분이다'라는 놀라움과 함께, 인상적이었던 것은 참석자들의 발언을 듣고 무언가 열심히 적는 금감원장의 모습이었다.

리더들은 이러한 행사에서 개회할 때 잠깐 얼굴도장 찍고, 본인 바쁜 스케줄 따라 자리를 비우는 것이 보통이다. 그런데 이 분은 매 참석자들의 발언을 엄청 열심히 필기를 하셨다. 그리고 참석자들의 발언이 끝나자마자, 마이크를 잡고 열심히 필기한 참석자들 한 사람 한 사람의 발언에 대해 의견을 피력하였다.

"이러이러한 부분은 우리가 더 노력하겠다, 이러이러한 부분은 어떠한 면 때문에 이런 식으로 앞으로 진행할 예정이다."

그의 발언에 정성이 보였다. 그 토론회에서는 여러 교수들과 언론인들의 참석도 있었다. 참석한 교수들은 과연 학자다운 날카로운 지적도 했고, 다른 의견을 제시하기도 하였다. 그중 기억에 남는 어떤 교수의 말이 있었는데 다음과 같다.

"여기 기자님들! 기사에서 불로소득, 불로소득 하는데, 사실 불로소득이란 없는 겁니다. 투자를 통해 얻은 소득은 불로소득이 아니라, 정신적 노동의 대가입니다!"

당연한 말이기도 했지만 나는 이 말이 뭐랄까 확 마음에 와 닿았다. 내가 하는 재테크에 대해 다시 생각하게 해주는 말이었다. 짧은 말이었지만 그분의 말씀이 귀하게 느껴지는 순간이었다. 그 토론회는 이제껏 경험할 수 없었던, 투자에 관해 많은 것을 배우고 생각할 수 있었던 좋은 기회였다.

《논어》에 이런 말이 있다.

君子不器 學則不固

군자불기 학즉불고

군자는 갇혀 있는 그릇처럼 편견에 치우쳐서는 안 되고, 지식이 협소한 사람은 자칫 자신의 좁은 생각에 사로잡혀 완고한 사람이 되기 쉬우니 유연한 머리로 진리를 배워라.

재테크를 하겠다고 의지를 불태우며, 마치 부동산 학자가 될 것처럼 부동산책만 붙잡고 달달 외우는 사람들이 있다. 그렇다고 그들이 배운 지식을 활용해 투자를 실제 실행하는가? 대부분 그렇지도 않다. 실행도 안 한다. 그리고는 알량한 몇 가지 지식을 습득했다고 뿌듯해하며, 자신의 좁은 생각에 사로잡혀 아집만 완고해져 버린다. 이래서는 안 된다. 우리는 좀 더 많은, 다양한 자산 전문가들을 만나고 그들의 이야기를 들어야 한다. 그들은 나의 부동산 지능을 키워줄 소중한 스승들이다.

07

부동산 투자를 했으면 수익을 내라

많은 사람들이 나에게 부동산에 관한 질문을 한다.

"내년 부동산 전망은 어떨 것 같아?"

"재건축은 어때?"

또 뉴스에서 부동산 얘기만 나와도 내가 생각난다고 한다. 오랜만에 얼굴을 보는 사람들은 나에게 "돈 잘 벌고 있지? 좋은 거 나오면 말해주고. 수고!" 대략 이런 인사를 한다. 아마도 나는 그들에게 '부동산'으로 낙인이 찍힌 듯하다.

얼마 전 알고 지내는 모 기업의 과장과 점심을 먹은 적이 있다. 역시나 부동산에 관심이 많은 분이었다. 유머러스한 밝은 분위기의 분이어서 만나면 항상 즐거운 분이다. 대화의 주제는 여러 가지가 있었지만, 단연 부동산이었다. 나의 근황이 궁금했던 것이었다.

'요즘 이하나는 어떤 부동산 활동을 하고 있으려나'라는 마음으로, 같이 점심을 먹자고 한 것이었다.

나도 그 과장의 근황을 물어보았다. 과장은 예전에 나와 부동산 얘기를 나눈 후로, 한동안 부동산 탐방도 다니고 열심히 했으나 동기부여도 떨어지고 해서 지금은 부동산 연구를 그만두었다고 한다. 하지만 그동안 부동산 공부를 해서 부동산에 관한 지식은 어디 나가서 뒤쳐질 정도는 아니라며, 자신의 부동산 식견에 대해 자신감에 차 있었다.

그리고 요즘 부동산은 5% 내외의 수익률밖에 없다며 푸념을 늘어놨다. 여태까지 부동산 투자를 해본 적은 없지만, 투자수익률 5%는 성에 안 차서 투자를 하기 싫단다. 물론 그의 말이 맞을 수 있다. 5%는 요즘 부동산의 평범한 수익률이다. 아마 그는 두 자릿수의 투자수익률을 바라는 것 같았다. 두 자릿수의 투자수익률을 내는 부동산 투자지식이나 운이 없다면 5%도 감사한 것 아닌가라는 생각도 했지만, 그분이 상처 받을 것 같아서 말로 표현하지는 않았다.

내가 10대 때 도서관에서 읽고 반해서, 직접 구매까지 한 책 중에 홍하상 저자의《오사카 상인들》이라는 책이 있다. 일본이 '세계의 상인 국가'로, 일본인이 '세계의 장사꾼'으로 나아가는데 원동력이 되어준 오사카 상인의 상술과 지혜를 소개하는 책으로 몇 번이고 다시 읽은 책이다.

이 책은 오사카 상인들의 기본철학에 대해 다음과 같이 기재하고 있다.

1. 장사를 하더라도 욕심 부리지 않는다.
2. 부귀하더라도 우쭐대지 않는다.
3. 베풀더라도 공치사하지 않는다.
4. 잘되더라도 방심하지 않는다.
5. 어리석더라도 비방하지 않는다.
6. 실수하더라도 비웃지 않는다.
7. 가난하더라도 깔보지 않는다.
8. 지혜가 있더라도 자만하지 않는다.
9. 한가하더라도 놀러 다니지 않는다.
10. 분별이 있더라도 나서지 않는다.
11. 재물이 있더라도 호사하지 않는다.
12. 한 푼을 벌기 위해 천리를 간다.

모두 하나같이 귀한 말이지만, 나는 맨 마지막 문구가 가장 귀하다고 생각한다.

'한 푼을 벌기 위해 천리를 간다'라….

그리고 이 책에는 이런 글도 있다.

'상인이 화가 나면 제후도 놀란다.'

이 말은 당시 일본 내에서 상인의 파워를 잘 나타내주는 말이기도 하다. 우리가 익히 잘 알고 있는 임진왜란의 주인공 토요토미 히데요시(풍신수길)도 이러한 상인들의 막강한 재력을 잘 알고 있었다. 그리고 이 상인들의 힘을 등에 업고, 당시 일본의 실질적 넘버원 자리인 '관백'에까지 올라 집권할 수 있었던 것이다.

그런데 제후를 쥐락펴락하는 상인이 '한 푼'을 벌기 위해 천리를 간다니. 당대에 그렇게 돈 잘 버는 오사카 상인이 갖는 마인드라고 하기에는 시시하게 보일 정도이다. 하지만 이 사소해 보이는 마인드 하나하나가 그들을 당대의 막강한 재력을 가진 상인으로 성장하게 한 정신이 아닐까? 나의 중국어 스승에게서 "중국 사람은 1원이 남더라도 판다"라는 말을 들은 적이 있는데 아마도 비슷한 맥락이지 않나 싶다.

다시 돌아와서, 그런데 왜 우리는 작은 투자수익률을 우습게 아는지 모르겠다. "5%가 우스운가? 그렇다면 당신은 그 5% 수익률이 나는 부동산을 가져본 적이 있는가?"라고 질문하고 싶다. 천릿길도 한걸음부터이다. 나는 극단적으로 표현해서, 부동산 투자를 해서 한 달에 5만원의 순수익이 남더라도 해야 한다고 생각한다. 한 달에 5만원이면 1년 열두 달로 치면 60만원이다. 대기업 입사에 포지션 좋은 직급이 아닌 이상, 갑자기 1년에 연봉 60만원 올리기가 쉬운 일이 아니란 것은 평범한 직장인이라면 모두 공감할 내용이다.

나는 이렇게 반문하고 싶다. "투자수익률이 5%가 작은 돈이라고 생각하는가? 일단 수익이 벌어지는 게 중요한 것이 아닌가?" 일단 푼돈이라도 수익이 벌어진다면 사람은 재미를 느끼고, 희망을 갖게 된다. 수익률이 전혀 없는 상태보다 수익률이 1%라도 있는 것이 중요한 이유이다.

지금 당장은 작은 수익률일지라도 그 부동산에 대해 희망을 가지고 애정을 갖는다면, 어느샌가 점점 높은 수익률을 꿈꾸게 된다. 그리고 방법을 찾으려 할 것이고, 그리고 이윽고 찾게 될 것이다. 우리는 투자수익률 5%를 너무 과소평가하고 있다. 쟁쟁한 재력의 오사카 상인이 한 푼을 위해 천릿길을 마다하지 않았다는데, 우리는 투자수익률 5%를 너무 무시하고 있는 것은 아닌지 반성해야 한다.

청소년 시절 욕쟁이 영어선생님의 가르침 중에 이런 말이 있었다.

“공부는 겸손하게 하는 것이다.”

나는 부동산 투자와 영어공부의 공통점은 겸손이라고 생각한다. 알량한 지식으로 평범한 수익률을 무시하지 않는 것이 중요하다. 그 작지만 평범한 수익률이 당신에게 긍정적인 변화를 안겨다 줄 것이라 확신하기 때문이다.

내집

PART
03

우주에서 가장 쉬운 부동산 투자

01

부동산 투자시스템을 이해하라

"요즘 ××동이 뜬다던데 어때?"

"요새는 오피스텔은 별로지?"

많은 사람들이 나에게 이런 질문을 한다. 그럴 때마다 내 대답은 다음과 같다.

"내가 들인 돈보다 남는 장사라면 된 거 아니겠습니까."

나는 사실 투자에 있어 종목이 그리 중요하다고는 생각하지 않는다. 우리의 목표는 '돈이 남는 것'이다. 이 사실을 잊지 말아야 한다. 으리으리한 주상복합 대신 이름 모를 촌동네의 초가집을 사면 어떻고, 금 대신 은을 사면 어떠한가. 10%의 수익률이면 어떻고 5%의 수익률이면 어떠한가. 투자액 대비 남았다면 일단은 성공했다고 봐야 하는 것 아닌가. 샀던 금액보다 (합법적으로, 윤리적으로 문제없이) 비싸게 팔 수 있다면 된 것 아닌가. 조금 덜 남고, 조금 더 남고의 차이가 있을 뿐이지, 결국 얼마가 남든 남기만 하면 되는 것이다.

물론 가능하면 최대한 높은 수익이 나는 자산에 투자하고 싶어 하는 심리는 당연하다. 하지만 투자하는 자산 모두가 동일하게 높은 수익률을 낸다는 것은 초보투자자에게는 조금 버거운 과제일 수 있다. 초보투자자라면 욕심 내지 말고, 설사 아주 작은 수익률의 자산이라도 관심을 가지고 투자하는 정신이 필요하다.

첫술에 배부른 사람도 있지만, 그렇지 않은 사람도 있기 마련이다. 일단 처음으로 투자를 하고 나면, 투자와 관련하여 더 많은 정보를 접하게 되는 환경에 놓이게 된다. 이로써 조금 더 지식이 늘고 경험도 같이 늘게 된다. 당연히 점점 수익률 높은 자산을 알아보는 식견도 생기고, 그러한 자산에 투자할 기회도 생기게 되는 것이다.

투자의 대가 워렌 버핏(Warren Buffet)의 투자 원칙은 다음과 같다.

제1원칙. 돈을 잃지 않는다.

제2원칙. 제1원칙을 잊지 않는다.

하지만 나의 투자원칙은 다음과 같다.

제1원칙. 남아야 한다. 아무리 작은 금액일지라도 남아야 한다.
제2원칙. 제1원칙을 잊지 않는다.

워렌 버핏은 이미 돈이나 성공 같은 단어를 초월하신 분이니, 그간 벌어 놓은 결과를 잃지 않는 투자를 해야겠지만, 나는 아니기 때문이다.

'계란을 한 바구니에 담지 말라'는 말은 위험을 분산해서 투자하란 뜻이다. 이는 고위험 고수익의 자산에만 집중 투자하지 말라는 뜻이기도 하다. 고위험 자산과 저위험 자산의 비율을 고루 맞춰서 (조금 덜 남고 조금 더 남고 차이가 있는 자산들을 바구니에 차곡차곡 수집해서) 쟁여놓으란 말이기도 하다.

물론 계란을 한 바구니에 담지 않는 투자만으로, 갑자기 벼락부자로 신분 상승하기란 어려울 수 있다. 하지만 계란을 한 바구니에 담지 말아야 한다는 것은 초보투자자로서 일단 알고는 있어야 할 기본 투자 개념이다.

영국 출신 경제학자 존 메이너드 케인즈는 "주식투자는 인기투표로 승자가 결정되는 미인대회나 마찬가지이다"라고 말했다.

이 말은 많은 사람들의 인기를 얻는 주식이 값이 오른다는 것을 미인대회에 빗대어 표현한 유명한 투자 격언이다. 그는 1999년 미국 시사 주간지《타임》이 선정한 '20세기 20대 인물' 가운데 한 명으로 꼽혔으며, 또한 경제학자로서 뿐만 아니라 성공한 투자자로도 유명하다. 그의 동료 재무관 니콜러스 데이븐포트는 "투기에 대한 동물적 직감이 케인즈를 위대한 경제학자로 만들었다"라고 칭찬했다고 한다.

이 격언은 장래에 다른 투자자들이 많이 사고 싶어 하는 주식을 사야 돈을 벌 수 있다는 것을 의미한다. 결국 투자자들은 어떤 주식을 살 때 그 회사의 가치를 보고 결정하는 것이 아니라, 나중에 다른 사람들이 얼마를 내고 그 주식을 사려고 할지를 예상해 투자해야 한다는 것을 의미한다. 아마도 이것이 주식시장에서 말하는 투자 전망의 진짜 뜻일 것이다.

나는 이 격언을 읽으며, 이는 비단 주식시장에서만 통용되는 개념은 아님을 느낄 수 있었다. 부동산 투자의 개념도 케인즈가 말한 미인대회와 크게 다르지 않은 것 같다. 부동산도 '내가 지금 사들이고자 하는 부동산이, 미래에 다른 사람들이 얼마의 금액을 내고 사고 싶어 하는 부동산이 될지'를 예상해 투자하는 것이다.

우리는 내가 투자한 금액 이상의 수익을 가져다 줄, 즉 미래에 다른 사람들이 내가 산 금액보다 더 높은 금액을 부르며 사고 싶어 할 부동산을 찾아 투자해야 한다. 우리는 대부분 부동산에 투자하기 위해 레버리지를 일으켜 투자하게 된다. 많은 사람들은 레버리지를 일으켜 투자한다는 것을 단순히 내가 가진 돈보다 높은 금액의 자산에 투자하기 위해 타인 자본(즉 남의 돈)을 빌려온다는 의미로 이해할지 모르겠다. 하지만 더 정확한 의미는 상대적으로 낮은 금리로 돈을 빌려와서, 빌린 돈에 대한 이자를 지불하고도 충분히 남는 높은 수익을 보장해주는 곳에 투자한다는 뜻임을 알아야 한다.

부동산 투자에 있어 수익이라는 개념은 크게는 월세수익(임대료수익)과 매매 시 발생하는 수익(양도차익)이 있다. 부동산에 투자한다는 것은 대부분 이 두 마리의 토끼, 임대료수익과 양도차익 2가지 수익을 바라보고 투자함을 뜻한다.

그리고 레버리지를 이용해 투자한다는 것은 매월 은행에 지불해야 하는 이자가 있다는 뜻이고, 이 이자를 매월 발생하는 임대료 수익으로 갚아나가며 남는 돈이 부동산의 진짜 월 수익이라고 생각하면 된다. 그리고 매도 시(부동산을 팔 때), 은행에 빌렸던 돈을 전부 갚고 남는 돈을 양도차익이라고 생각하면 된다.

부동산 투자의 개념은 요약하자면 다음과 같다.

1. 내가 산 금액보다 미래에 팔 금액이 더 높은 부동산을 산다.

2. 이를 위해 레버리지를 일으킨다.

3. 부동산을 보유 중에는 임대료 수익을 얻는다. 그리고 매달 빌린 돈의 이자를 임대료 수익으로 상환한다.

4. 부동산 매도 시에는 양도차익을 얻는다. 그리고 부동산을 담보로 빌린 돈 전액을 상환한다.

이것이 부동산 투자의 큰 개념이라고 생각하면 된다.

02

돈이 없다고 집을 못 산다는 것은 착각이다

예전에 집에서 TV 리모콘을 돌리다가 어떤 드라마인지, 영화를 보았다. 장소는 아마 남산타워 같은 곳이었던 것 같다. 수많은 빌딩 숲 도시의 야경을 배경 삼아, 두 남녀 배우는 야경을 내려다보며 이야기를 했다. 여배우의 이 대사가 기억에 남았다.

"저 많은 집들 중에 도대체 왜 내 집은 없는 거니?"

남자배우는 말이 없었다. 당시 나는 그 신을 보면서 깊게 감정이입이 되지는 않았다. 나름 건물주님 소리를 듣고 사는 행복한 입장이기도 하였고, 당시 열심히 읽고 있던 자기계발서가 있었는데, 그 책에서 부정적인 말이나 드라마 같은 것은 보지 말고 기억도 하지 말라던 내용이 생각나서 얼른 채널을 돌려버렸다.

그런데 뭐랄까. 그 신이 나와 비슷한 또래들이 사회에서 느낄 감정이기에, 나 역시 뭔가 여운 같은, 설명하기 어려운 감정은 남았다. 계속 머릿속에서 생각이 난다고 할까. '내가 비록 대단한 부자도 아니지만, 내가 알고 있는 걸 저 친구들도 알고 있다면 저런 말은 하지 않을 텐데…'라는 생각이 들었다.

우리는 정말 월급으로 '집 따위'를 살 수 없는 것인가. 내 경험에 빗대어 말하자면 가능하다. 내일 모래 당장 강남의 초고층 빌딩 사장님이 될 수는 없어도 월급으로 집을 사는 것은 가능하다.

사회에서 우리가 대부분 가지는 '월급쟁이'라는 지위에 대해 좀 더 알고 있을 필요가 있다. 내가 보기에는 대부분의 사람들은 월급쟁이의 장점을 잘 모르고 있는 것 같다. 내가 생각하는 샐러리맨의 장점은 다음과 같다.

1. '매달 일정한 수익'이 벌어진다.

쥐꼬리만 한 금액이라고 생각할지 모르겠지만, 어찌됐든 다음 달을 다시 영위할 수 있는 힘이 되어준다.

2. 매달 일정한 수익(월급)이 벌어지기에 '은행에서 돈을 빌릴 수

있는 고객'이라는 점이다.

은행 입장에서는 돈을 빌려줘도 당신이 매달 정기적으로 수입이 벌어지기 때문에, 빌려준 돈에 대한 이자를 회수하는데 무리가 없을 것이라고 판단하게 한다.

3. 은행에서 빌린 돈으로 투자할 수 있고, 간혹 투자 리스크가 발생했을 때 월급 중 일부로 리스크의 충격을 막아낼 수 있다.

이나금 작가의 저서《나는 쇼핑보다 부동산 투자가 좋다》에는 다음과 같은 글귀가 있다.

'나는 직장생활을 하는 분들이나 당장 소득이 있는 사람들에게는 지렛대를 이용할 것을 권하고, 은퇴하신 분들에게는 대출을 받더라도 최소한의 대출만 받게 컨설팅한다. 왜냐하면 임차인의 여러 사정에 의해 월세가 늦게 들어오거나 밀리는 일이 발생하게 되면 소득이 없고 월세에 의존하는 사람들에게는 경제적 위험이 생기기 때문이다.'

구체적으로 이야기하자면 이런 것이다. 부동산 투자라는 것은 대부분 은행에서 빌린 돈으로 부동산에 투자를 하고, 그 부동산에서 매달 발생하는 월세수입 중 일부를 은행이자로 상환하게 된다.

그러나 어떠한 투자든 리스크는 있듯이, 간혹 임차인(세입자)이 월세 지불일에 월세를 입금하지 않는다면(미룬다면) 매달 은행에 납입해야 하는 이자상환에 대해 리스크가 발생하는 것이다. 즉, 은행에 다달이 내야할 은행이자를 내 노동으로 번 돈인 월급에서 충당해야 하는 사태가 벌어질 수도 있는 것이다.

나도 그런 적이 있다. 그렇게라도 충당이 가능하다면 문제없지만 고정적인 급여가 없는 사람의 경우, 은행에 이자를 상환할 수 없게 되는 상황이 벌어질 수도 있는 것이다. 이 말은 장기적으로 계속 월세가 입금이 안 되어 은행 이자를 상환하지 못하게 된다면, 결국 그 부동산은 경매로 넘어가게 됨을 뜻한다. 이것이 남의 돈, 지렛대의 무서운 면(리스크)이기도 하다.

여기서 중요한 점은 직장인은 최악의 경우 본인의 월급 수익 중 일부를 은행 이자로 감당할 수 있는 힘이 있다는 것이다. 사실, 남의 돈이 무서운 이유는 대출금의 액수가 두려운 것이 아니라, 매월 은행에 이자 상환을 할 수 없는 상황이 발생할지도 모를까봐 두려운 것이다. 이러한 리스크를 직장인은 본인의 수입으로 어느 정도 방어할 수 있다는 것이다.

이것은 반대로 말하면 직장인에게 큰 기회가 될 수 있다. 임차인의 연체는 최악의 경우가 아닌 이상, 대부분 몇 달 내로 해결이 된다. 그 몇 달만 자신의 노동으로 번 돈인 월급으로 충당을 하면, 그 이후에는 보통 월세가 잘 입금이 되기 때문이다. 그리고 법적으로 세입자가 3기(약 3개월 동안) 이상 월세를 납입하지 않으면 강제로 세입자를 내보낼 수도 있다.

그리고 내 경험이지만, 임대차계약서 내용만 잘 써도 세입자가 월세를 밀리는 일은 거의 발생하지 않는다. 밀린다고 하더라도 몇 달까지 가지도 않고, 대부분 하루 이틀 내로 입금이 된다.

우리는 이러한 장점들을 잘 사용해야 한다. 나는 돈이 없으면 집을 못 산다는 세상의 편견이 틀렸다는 것을 말해주고 싶다. 사회적인 분위기상, 휩쓸려서 나도 모르게 "요즘 같은 세상에 돈도 없는데 집을 어떻게 사나"라는 포기 어린 푸념에 대해 절대 그렇지 않다고 말해주고 그들의 편견을 깨주고 싶다.

사실은 돈이 없어 집을 못 사는 게 아니라, 부동산이 뭔지 모르기 때문에 집을 못 사는 것이라고 말해주고 싶다. 아니, 더 정확하게 말하면 부동산을 사고 싶다는 간절한 마음이 없기 때문일 것이다.

그리고 한 가지 더! 직장인이라는 무기로 대출을 일으켜 집을 샀다면, 회사에서 간혹 인센티브 같은 공돈이 생겼을 때 대출금 갚는 데에 쓰라고 하고 싶다. 어중간한 적금을 하는 것보다 차라리 내 집

대출금을 줄이는 게 좋은 재테크다. 제발 해외여행 갈 돈, 필요하지도 않는 사치품 살 돈을 아껴서, 단돈 몇 십만 원이라도 혹은 몇 백만 원이라도 대출원금을 조금씩이라도 갚으라고 말하고 싶다.

내가 이렇게 말하면 혹자는 이렇게 대출금을 줄이는 것에 대해, 집의 노예가 되는 것 아니냐며 억울해할지도 모르겠으나 그렇게 생각할 필요가 없다. 나중에 매도 시에 다 돌려받을 테니까.

그리고 어느 자산이든 장기 투자는 매도 시에, 작든 크든 이문이 남게 되어 있다. 부동산뿐만 아니라 주식이든 어떠한 자산에 대해서든, 자산의 종목을 불문하고 장기투자는 만고불변의 진리이기 때문이다.

내가 감명 깊게 읽었던 책 셀소 쿠키어콘의《유대인이 대물림하는 부자의 공리》에는 다음과 같은 유대의 격언이 있다.

'탈 것과 입을 것에는 분수에 못 미치게 투자하라.'

20대에는 이 말을 지켜야 한다. 대신 정말 값어치 있는 자산을 사들여 그 자산을 아끼고 키워가야 한다. 이 격언을 실천함과 동시에, 부동산 투자에 있어 우리의 사회적 지위인 '월급쟁이'의 장점을 십분 이용해야 한다.

03

내게 맞는 물건을 찾아라

나는 몇 해 전《나는 1년에 10배 버는 경매를 한다》의 저자 임경민 대표의 강의를 들은 적이 있다. 임경민 작가를 처음 만난 곳은 서점이었다. 서점을 구경하다가 임 작가의 저서를 우연히 발견했다. 표지에 '월세나 받을 거라면 경매하지 마라!'라고 경고장처럼 써진 문구가 재밌어 보였다. 재밌는 책이겠다 싶어서 바로 구매를 해서 읽었다. 사실 당시 부동산이 지겹기도 해서 마음에서 내려놓고 살던 때였는데, 임 작가의 저서를 읽음으로서 나 자신을 돌아보고, 모르는 부분도 배울 수 있는 시간을 가질 수 있었다.

무엇보다 이 책의 주요 내용 중 일반 부동산 물건으로도 충분히 수익을 낼 수 있다는 글이 인상 깊었다. 나 역시 일반 부동산 물건에 대해 어렴풋이 선입견을 가지고 있었음을 깨달을 수 있었던 책이다.

일반 사람들이 갖는 부동산 경매에 대한 편견이 하나가 있다. 뭔가 대단히 복잡하고, 어려운 물건을 사야 돈을 벌 수 있다는 이상한 신념이 있는데, 내가 해보니 그렇지 않았다. 복잡하지 않고 어렵지 않은 물건임에도 나의 부동산 연 수익률은 대충 계산해보아도 50%대이다. 요즘 대부분 부동산 투자수익률이 5%대 내외라는 것을 감안하면 들인 돈에 비해 꽤 좋은 성적을 거둔 것 같다.

참고로 나는 사실 투자수익률이 투자에 있어 그렇게 중요한 잣대라고는 생각하지 않는다. 물론 어느 자산이건 숫자가 제일 중요하겠지만, 투자수익률이란 게 내 생돈, 즉 자기자본이 많이 투하될수록 낮아지는 면이 있기 때문이다. 그래서 나는 투자수익률이란 건 뭔가 말장난 같다는 생각을 하기도 한다. 하지만 여전히 전통적으로 중요한 개념이라는 것에는 이의가 없다.

본인의 자금 사정이나 부동산 물건 종류의 취향이나 여러 가지를 참고해서 투자를 해야 한다. 그리고 이제 부동산을 시작하려는 20대에게 다음 2가지는 꼭 짚어주고 싶다.

1. 어려운 물건을 노리지 말자.

물론 복잡하고 어려운 물건이 좀 더 수익률이 높고 경쟁이 덜할 수는 있다. (하지만 꼭 그렇지만도 않다.) 자금적으로 여유가 충분한 상태라면 모르겠지만, 일이 잘못되었을 때의 데미지로 꽤 피곤한 상황이 발생될 수 있기 때문이다. 그래서 첫술(첫 투자)은 배부르지 않게 시작했으면 좋겠다.

2. 분양시장에 대한 많은 관심은 자제하자.

분양에는 아파트 분양, 상가 분양, 호텔 분양, 토지 분양 등 다양하다. 충분한 자금이 있는 20대라면 모를까, 아직은 분양시장에 대해 많은 관심을 쏟는 것은 자제했으면 좋겠다. 특히 상가 분양이나 토지 분양은 더더욱 말리고 싶다. 분양이라는 것은 건설사가 이미 프리미엄을 꽤 붙여 부동산을 파는 것이기 때문에, 건설사의 프리미엄을 월등히 뛰어넘는 매매가의 상승이 없다면 사실상 내가 남는 장사를 하기 어려운 게임임을 알아야 한다.

그렇다면 이 책의 주인공인 대한민국 평범한 직장인 20대가 노려야 할 부동산은 무엇일까. 부동산 물건의 종류는 여러 가지가 있다. 토지, 상가, 주택, 분양권 등 다양하지만 우선 부동산 초보자라면 부동산 중에 '주택' 부문을 노려보라고 말해주고 싶다.

물론 토지나 상가 등과 같은 물건이 매매가 상승률도 월등하고, 시세차익을 보기에도 유리하고, 소위 인생역전을 하기에 좋은 물건인 것은 사실이다. 하지만 이 책은 철저히 평범한 직장인 20대를 위한 책이므로 그에 대한 언급은 생략하려 한다.

우선 주택을 노려보라고 하는 이유는 3가지가 있다.

1. 주택은 세금이 다른 부동산보다 저렴하다.

(물론 고가주택은 주택이더라도 세금이 저렴하지 않다.) 부동산 구입 시 세금은 적지 않은 부담이 될 수 있다. 보통, 주택은 상가보다 세금이 저렴한데, 이는 주택이 국민의 주거안정이라는 주제와 밀접하기 때문이다. 국민의 주거와 밀접하기 때문에 세금도 상가보다는 저렴하다. 첫 투자는 어떻게 해서든 부담이나 리스크를 작게 줄인 형태여야 하기 때문에 주택이 첫 투자로 꽤 장점이 있다고 봐야 할 것이다.

2. 경매로 주택 취득 시 대출을 많이 쓸 수 있다.

(참고로 말하지만, 대출을 권하는 것이 아니다. '없는 살림'에 고래 등 같은 기와집은 아니라도, 일단 조그마한 집이라도 내 이름으로 장만해보자

는 것이 이 책의 핵심이다.) 대출은 안 쓰는 게 제일 이상적이다. 하지만 필요시에는 용기를 내어 대출을 일으킨 후 대출을 갚아나가면 되는 것이다. 그리고 투자용으로 집을 샀다면 그 집을 월세를 놓아 월세로 대출금을 충당해야 한다. 그리고 나중에 시세차익으로 돈을 벌어야 한다. 대출을 일으켜서라도 사야 할 가치가 있는 집이라면 대출을 일으켜 우선 내 집으로 만들어보자. 일단 내 집이 되어야 훗날 임대수익이든 시세차익이든 있는 법이다.

3. 내 집 장만에 대한 압박감으로부터 안도감을 준다.

많은 젊은이들이 내 집 장만에 대한 압박감이 있는 것으로 알고 있다. 그래서 나라에서 청년들에게 저렴한 값으로 임대해주는 주택도 더러 있다. 하지만 그것도 대부분의 청년이 이용할 수는 없고 여러 가지 조건과 운이 따라줘야 입주해서 살 수 있는 것으로 알고 있다. 사실상 많은 젊은이들이 이 혜택을 보지는 못하는 실정이다. 나는 그리 대단한 집은 아닐지라도 '방 하나에 거실 하나' 혹은 '방 두 칸에 거실 하나'의 집을 내 이름으로 장만했다는 기쁨을 평범한 청년들이 맛보았으면 좋겠다.

그리고 내가 그러했듯이 5000만원 미만의 부동산을 취득하라고 하고 싶다. 사실 이러한 집은 토지나 상가나 기타 부동산처럼 드라마틱한 매매가 상승은 없을 수도 있다. 하지만 내 집 장만에 대해 간절한 염원이 있는 청년들에게는 희망의 등불이 되어주기에 충분하다.

나는 2710만 원짜리 집을 사보았다. 그런 집이 어디 있냐고, 사람이 살 수 있는 집이냐고, 외딴 섬에 있는 집이 아니냐고 물어보겠지만 인천 주안에 있었다. 초가집 같은 집을 상상하겠지만, 전용면적 26.01m(대략 7.88평)의 아담하고 깨끗한 원룸 빌라였다. 심지어 이 집의 감정평가액은 4500만원이었다. 부동산 버블기 당시 2010년도에 이 집의 거래금액은 6000만원이었다. (바로 전 주인이 6000만원에 이 집을 산 사람이었다.) 하지만 경매에 그 물건이 나왔을 때는 그 지역의 거품이 빠진 상태에다가, 부동산 거래가 잠시 숨고르기를 하던 시점이어서, 2번이나 유찰이 되고 결국 내가 입찰에 들어가 2710만원에 낙찰을 받았던 것이다.

이후 낙찰을 받고나서 기존 세입자가 계속 거주하고 싶다는 의사표현을 했고, 현재는 보증금 300만원에 월세 27만원을 받고 있다. 대단한 투자는 아니었지만, 꽤 소소하게 재미있는 투자였다. 대출은 금리 2.91%로 2100만원을 일으켰다. 부동산 금액이 2710만원이라고는 했지만, 취득세 비용과 등기 비용, 여기저기 관공서 등을 왔다 갔다 했던 차비들까지 해서 대략 140만원 정도 더 들어갔으니, 실제 집값은 2850만원 정도 봐야 할 것이다. 이 집을 사기 위해 진짜 내 돈(자기자본)은 보증금을 제외하고 450만원 내외였던 것 같다. 푼돈으로 하는 웬만한 주식투자보다 재미있는 투자였다.

최근 다운로드받은 부동산 연 수익률 계산 어플을 돌려보니, 연 수익률이 대략 58%이라고 나온다. 참고로, 이제는 부동산 수익률 공식을 외우고 다닐 필요가 없다. 스마트폰에서 어플을 다운로드받으면 쉽게 수익률을 알 수 있다.

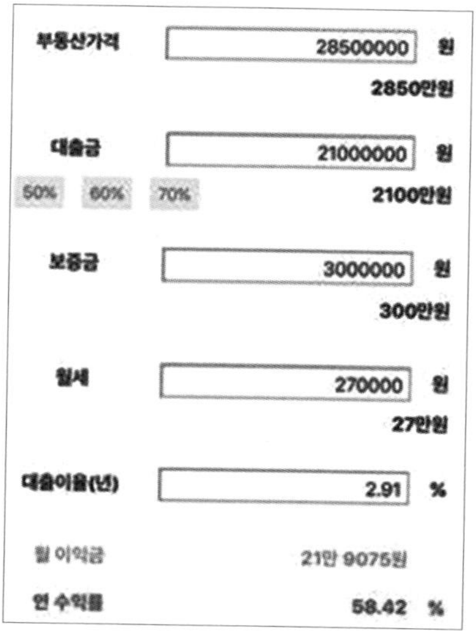

투자에 있어서 제일 먼저 해야 할 것은 나에게 맞는 투자물건이 과연 무엇인지 고민해보는 것이다. 그리고 나에게 맞는 투자물건을 찾았다면, 강단 있게 투자를 감행해야 한다. 아무리 비싼 명품안경이라도 나의 시력과 맞지 않는 안경은 결국 무용지물이고, 구슬이 서 말이라도 꿰어야 보배라는 진리를 잊지 말아야 한다.

04

가진 것이 없다면 은행과 친해져라

"요즘 세상에 빚 없으면 부자지."

가계 대출이 사상 최대라는 기사를 보며, 사람들은 이런 말을 한다. 그렇다면 빚이란 무엇일까. 이 '빚'이란 존재는 무엇인지, 사람들이 그토록 바라지 않는 빚의 또 다른 이름, '남의 돈, 대출'이란 과연 무엇인지에 대한 개념이 투자에 앞서 먼저 탑재되어 있어야 한다.

많은 사람들이 대출은 무서운 돈이라고 생각한다. 물론 남의 돈은 무서운 돈이다. 내 돈처럼 슬렁슬렁 과자나 사먹고, 먹방이나 찍으러 돌아다니기 위해 빌리는 돈이어서는 안 된다. 남의 돈이란 빌리고 안 갚으면 반드시 제재가 들어오는 돈이다. 그렇기 때문에 많은 사람들은 대출을 두려워한다.

그런데 사실 더 정확하게 말하자면, 남의 돈(대출)이 무서운 것이 아니다. 대출을 못 갚는 상황이 되었을 때가 두려운 것이다. 매달 은행에 이자와 원금을 납입하기 부담스러운 돈이 되었을 때, 내 노동으로 끊임없이 갚아야 하는 돈이 되었을 때가 '나쁜 대출, 나쁜 빚, 무서운 돈'이 되는 것이다.

그렇다면 반대로 대출을 잘 갚을 수 있다면, 이자와 원금 상환에 대해 부담이 되지 않는 돈이라면, 나의 노동으로 끊임없이 갚아야 하는 나를 옥죄는 돈이 아니라면 이야기는 달라지지 않을까.

대출을 일으켜 투자하는 투자대상으로써, 부동산은 이 부분에 상당한 이점이 있다. 부동산은 상당 부분 남의 돈(대출)으로 부동산에 투자를 하고, 월 임대료를 받아 은행이자와 원금을 감당할 수 있는 장점이 있는 자산이다.

분명 내 명의로 부동산을 샀고, 내 명의로 대출을 일으켜 투자를 했는데, 내 대출금의 이자와 원금을 임차인이 월세로 내주고 있는 형태가 되게 된다. (나는 대출을 받을 때 반드시 원리금 상환으로 한다.) 그야말로 이자도 원금도 부담이 되지 않는 상황이 되는 것이다. 게다가 이런 대출은 나의 노동으로 열심히 갚아야 하는 돈도 아니다. 대출이라고는 하지만 나를 옥죄는 돈이 아닌 것이다. 그렇다. 부동산 투자를 위한 대출은 세상 사람들이 생각하는 대출에 대한 편견과는 정반대인 것이다. 이 점을 많은 집주인들은 누리고 있다.

그런데 사실 돈이 많다면야, 그저 통장에 있는 내 돈으로 하는 투자가 제일일 것이다. 뭐, 귀찮게 은행 가서 이런저런 서명을 하고 대출을 받겠는가. 하지만 대한민국 평범한 20대는 버는 돈이 많지 않다. 그로 인해 자기자본도 부족하다. 한마디로 투자를 위한 총알, 즉 현금이 많지 않다는 것을 의미한다.

내 돈은 많지 않은데, 투자로 돈은 벌어야겠고, 사회생활을 해서 번 돈을 차곡차곡 모아서 투자하자니 세월이 기다려 주지 않는다. 게다가 인플레의 속도는 월급 인상 속도를 앞질러버린 지 오래고, 명퇴는 빨라지고 있다. 그러다보니 우리는 '누군가'에게 돈을 빌려서 투자해야 하는 것이다. 그 '누군가'라 함은 단연 은행이 될 것이다. 여기에서 우리가 은행과 친해져야 하는 이유가 발생한다.

은행은 돈을 빌려주고 돈을 버는 회사다. 은행은 빌려준 돈에 대한 사용료를 이자라는 명목으로 받아 돈을 번다. (물론 은행이 그 외에도 돈을 버는 경로는 많지만, 기본적으로 은행은 이자로 돈을 버는 회사이다.) 이때 은행은 대부분 개인의 신용 혹은 담보물을 평가해서 돈을 빌려준다.

많은 사람들이 투자를 할 때 그 규모를 어떻게 잡고, 예산을 어느 정도로 잡아야 하는지 고민한다. 하지만 투자규모를 생각하기 전에 '나'란 사람의 신용으로 1금융권에서 받을 수 있는 최대의 금액이 얼마인지를 먼저 파악해야 한다. 은행에 가서 본인의 신용으로 빌릴 수 있는 돈이 최대 얼마인지를 알게 된다면 투자규모를 정하는 데에 분명 많은 도움이 될 것이다.

그리고 투자규모를 정한 뒤, 이자가 상대적으로 아주 높지만 않다면 크게 상관하지 말고 1금융권 은행으로부터 빌릴 수 있는 한도만큼 빌리는 것을 추천하고 싶다. 특별히 투자할 만한 거리가 없다면, 당분간은 빌린 돈을 사용하지 않고 그냥 갖고 있으면 된다. 나는 돈은 그냥 놔두기만 해도 의미가 있다고 생각한다. 투자를 위한 총알, 그것은 누가 뭐라고 해도 단연 현금이기 때문이다.

어쩌면 혹자는 이런 나의 주장에 대해 다달이 은행에 이자가 나가는 것이 아깝지 않느냐고 생각 할 지도 모르겠다. 그렇다. 아까운 돈일 수 있다. 하지만 이자라는 것은 내 돈이 많지 않은 사람이 성장하기 위해 반드시 지불해야 하는 돈이다. 중요한 것은 이자를 내더라도 많은 돈을 빌려 현금으로 주머니에 가지고 있어야 한다는 사실이다. 투자에 있어 현금은 전쟁 시 보급부대와 같기 때문이다. 예전에 손무의 《손자병법》에서 다음과 같은 글을 읽은 적이 있다.

是故軍無輜重則亡, 無糧食則亡, 無委積則亡.

시고군무치중즉망, 무량식즉망, 무위적증망

군대에 수송 보급이 없으면 패망하고, 식량이 없어도 패망하고, 비축 물자가 없어도 패망한다.

이 글을 보며 부동산 투자에 대입해서 생각해 본 적이 있다. 부동산 투자에 있어 손무가 말한 수송보급이나 식량, 물자에 해당하는 것이 결국 '현금'이 아닐까.

하지만 은행에서 빌려주겠다는 돈을 몽땅 투자에 올인하는 방법은 단연코 지양해야 한다. 투자에 능숙한 사람이라면 몰라도 초보 투자자로서는 잘못된 판단으로 투자했을 때, 치명적일 수 있기 때문이다. 다시 한 번 더 강조하지만, 은행에서 빌려주겠다는 돈을 몽땅 투자에 올인하는 방법은 단연코 지양해야 한다.

또한 자금에 여유가 생긴다면 중도상환도 나쁘지 않다. 기본적으로 부동산 투자에 있어 대출금 상환은 다른 사람이 내 돈을 갚아주는 형태여야겠지만, 간혹 생기는 큰 현금이 있는 경우에는 대출원금을 일부 상환하는 것도 좋다. 그리고 빌린 금액이 절반 또는 3분의 2 정도를 갚으면 다시 한 번 더 대출을 받는 것이다. 이렇게 현금을 항상 확보해두면 언제든지 마음에 드는 부동산을 사들이기 쉽다.

"은행돈 쓸 줄 모르면 바보야!"

내가 알고 지내는 분 중에 흙수저 출신으로 지금은 많은 상가와 건물을 소유하고 있는 성공한 회장님의 말씀이다. 대출은 무서운 돈이라고, 은행을 어려운 곳이라고만 생각해서는 아무것도 가능하지 않다. 우리는 돈의 창고, '은행'을 어떻게 해서든 적절히 이용할 필요가 있다.

나는 극단적으로 대출을 안 받겠다는 것은 투자를 안 하겠다는 것이고, 돈을 벌기 싫다는 것을 의미한다고 생각한다. 또한 투자를 위해, 돈을 벌기 위해, 돈을 빌리는 행위는 부끄러운 행동이 아님을 정확히 주지할 필요가 있다. 현금이 주머니에 있다는 것은 비단 부동산뿐만 아니라 어떠한 투자대상에도 즉각적으로 대응을 가능케 하는 천군만마가 되어주기 때문이다.

물론 "1금융권 은행이 나 같은 사람에게 대출을? 설마…"라며 푸념하고 포기하는 사람들도 있을 것이다. 나는 그런 사람들에게 1금융권 은행지점장을 어떻게든 만나서 사정하듯 대출을 부탁해본 경험이 단 한 번이라도 있는지 묻고 싶다. 중요한 것은 지금 당장 가지고 있는 돈의 액수가 아니라 절박함과 대찬 마음이다. 지금 당장 가난하다고 꿈꾸지 않는다면, 아무것도 변하지 않는다.

05

부동산은 고무줄 가격이다

우리는 과자를 사기 위해 마트나 편의점에 간다. 그리고 그 과자 봉투에 기재되어 있는 희망소비자가격대로 값을 지불한다. 그렇다면 '희망소비자가격'이란 무엇일까. 희망소비자가격이란 제조업자가 유통업자와 소비자 간의 거래에 참고할 목적으로 결정한 가격이다.

제조업자가 '희망소비자가격'을 매기는 이유는 적정 가격을 매기지 않았을 때, 유통업체 및 판매업체 측에서 제조업자가 만든 물품을 비정상적으로 높은 가격으로 판매를 할 수 있기 때문이다. 물론 높은 가격으로 계속 상품이 잘 팔린다면야 상관이 없지만, 이로 인해 판매가 갑자기 감소하게 되는 상황이 오면 제조업자는 직간접적으로 많은 손해를 보게 되는 수가 있다. 즉, 희망소비자가격의 기재는 (강제성은 없지만) 유통업체나 판매업체로 하여금 폭리를 취하기 어렵게 만드는 효과가 있다.

"부동산은 고무줄 가격이다."

이 말은 내가 부동산 업계에 처음 들어갔을 때 배운 말이다. 부동산은 편의점에서 파는 과자처럼 희망소비자가격이 없다. 부동산이 희망소비자가격이 없는 이유는 무엇일까. 무엇보다 편의점 판매대에 올릴 수 없는 큰 사이즈이기 때문일 수도 있겠지만, 사실 부동산은 지구상에 딱 하나밖에 없는 물건이기 때문이다. 그런 물건을 편의점 판매대에서 팔 수는 없지 않겠는가.

예를 들어 어떠한 땅을 산다는 것은 지구상에 딱 하나밖에 없는 땅을 산다는 의미이다. 지구 어디를 가도 그 땅이 그 땅일 수는 없는 것이다. 지번이 같다고 해도 호수가 같을 수 없고, 평형이 같다고 해도 집의 방향이(혹은 각도가) 다를 수 있다. 한마디로 세상에 절대로 똑같은 부동산은 존재할 수 없다는 뜻이다.

허니버터칩 회사는 무한대로 똑같이 허니버터칩 과자를 생산해 낼 수 있지만, 부동산은 허니버터칩처럼 똑같은 모양으로 무한대로 찍어서 가격을 정할 수 없는 물건이라는 의미이다. 그렇기 때문에 부동산에는 희망소비자가격이 있을 수가 없다. 세상에 단 하나밖에 없는 물건인 부동산이기 때문에 정해진 가격도 없는 것이다. 그래서 혹자는 이를 두고 '부동산은 가격정찰제가 없다'라고도 표현하는 것 같다.

부동산이란 정해진 가격이 없다보니, 경기가 좋을 때에는 용수철이 늘어나듯 부동산 거래금액이 상승하기도 한다. 하지만 부동산 경기의 하락국면에는 (심하면) 부동산 절정기의 가치(금액)에는 턱없이 미치지 못한 금액이 되어, 울며 겨자 먹기식 거래도 생길 수가 있는 것이다.

보통 부동산 상승기의 거래금액에 대해서만 '아, 부동산 가격은 고무줄이야. 너무 비싸. 계속 오르기만 하네'라고 생각할 수 있지만, 부동산 하락기 거래금액에 대해서도 부동산 가격은 역시 고무줄이라는 것을 알아차릴 필요가 있다.

우리가 해야 할 일은 부동산 하락기(혹은 조정기)에 '역시 부동산은 고무줄 가격이구나'라고 인지하며, 좀 더 저렴한 금액에 부동산을 소유할 수 있도록 방법을 찾아내는 것이다. 고무줄은 자꾸 늘리고 늘리고 늘리다보면, 늘어지기 마련이다. 마치 용수철을 자꾸 잡아당기면 용수철이 조금씩 늘어나듯이. 내가 보기에 이 점은 부동산도 마찬가지인 것 같다.

역사적으로 그래왔듯이 앞으로도 부동산 거래금액은 완만하게 우상향하는 그래프로 그려질 것이다. 물론 그래프 속에서 부동산 거래금액은 잠시 답보 상태도 있을 것이고, 어쩌면 급격하게 하강하는 국면도, 폭등하는 시기도 있을 것이다.

60~70년대의 (현재 소위 '강남'이라 일컫는) 영동 땅 한 평 금액과 지금의 강남 땅 한 평 금액의 차이를 생각해보면 보면, 부동산이란 가히 우상향 그래프의 고무줄 가격이라는 것을 긴 설명이 없이도 누구나 알 수 있을 것이다.

그러나 몇몇 사람들은 대한민국의 인구절벽과 초고령화로 인해, 점차 부동산 시장의 거품이 꺼지고 부동산 폭락(혹은 완만하게 하락할 것이라고)이 올 것이라고 속단한다. 과연 그럴까. 인구가 줄면 부동산 시장이 불경기가 되고, 인구가 늘면 부동산 시장이 활황이 된다는 말이 사실일까.

그렇다면 싱가폴이나 홍콩은 인구가 많아서, 혹은 인구가 급격히 늘어서 그렇게 살인적인 집값으로 악명이 높은 것인가. 그렇다면 지난 박근혜정권 동안 부동산 시장 활황의 이유가 대한민국의 인구 증가 때문이었는지 묻고 싶다.

특히 우리나라 부동산 폭락을 기원하는 사람들이 계속 우려서 사용하는 일본의 예는 어떠한가. 부동산 버블이 꺼지고 빈집들이 늘어났다는 이야기를 하며, 우리도 일본의 전철을 밟을 것이라며 주문처럼 외우고 다니는 사람들이 많다.

하지만 나는 언젠가 도쿄증권거래소에서 만든 일본의 수도권 주택가격지수를 본 적이 있다. 그 지수 그래프를 보면, 안타깝게도 부동산대폭락론자들의 염원과는 달리 일본의 부동산은 폭락 이후 2013년도부터 꾸준히 상승했음을 알 수 있었다. 또, 관련 자료를 더 공부하던 중 일본 부동산경제연구소에서 만든 수도권 맨션가격의 추이 그래프도 본 적이 있었다. 이 자료는 리먼쇼크가 지나고 2010년도부터 계속적인 상승세를 그리고 있었다. 그 외에 일본 아파트 1채당 평균가격 그래프도 마찬가지로 꾸준히 상승하는 그래프였다. (물론 대부분의 자산이 그렇듯 일본 부동산에도 등락은 있었다.)

그렇다면 이 결과는 일본이 인구가 급격히 늘어났기 때문인가. 아니면 초고령사회인 일본의 할아버지, 할머니가 갑자기 급격한 회춘을 한 것인가. 왜 일본 부동산시장의 회복에 대해서는 아무도 말하지 않는지 진심으로 물어보고 싶다.

물론 싱가폴, 홍콩, 일본은 대한민국과 다르다. 국토의 크기, 위치, 군사력, 경제력, 정치적인 문제 등등 모든 부문에서 대부분의 조건이 다르다고 보는 것이 맞을 것이다. 나는 부동산 시장의 상승기와 하락기가 단순히 초고령화나 인구절벽으로는 설명되지 않는다고 단언한다. 그렇게 단순하게 말하는 사람들에게 말해주고 싶다. 감히 말하건대, 부동산은, 경제는 그렇게 간단하지 않다고.

로마 공화정 말기의 정치가이자 장군인 카이사르는 "인간은 자기가 보고 싶은 것만 보고 듣고 싶은 것만 듣는다"고 말했다. 카이사르의 말대로, 지금 우리는 보고 싶은 것만 보고 듣고 싶은 것만 듣고 있는 것은 아닌지, 놓치고 있는 것은 없는지 다시 한 번 더 확인해야 할 때이다.

부동산 시장에 가장 직접적으로 영향을 줄 수 있는 것은 '정부의 정책'이다. 단순히 인구감소나 초고령화의 차원이 아닌 것이다. 물론 인구나 초고령화 문제는 정책에 영향을 줄 수 있지만, 직접적이고 가장 빠른 영향을 주는 것은 정부 정책에 있다. (물론, 인구가 갑자기 반 토막이 난다면 상당한 영향이 있을 수도 있겠다.) 그리고 한 가지 더! '세계 경제 흐름의 영향'이 부동산 시장에 상당한 영향을 준다.

정부의 경기 부양책으로 (어쩌면 가장 근시안적일 수도 있는 방법이지만) 가장 직접적이고, 가장 강력한 방법은 단연 건설경기 부양, 내지는 부동산 시장의 거래 활성화일 것이다. 건설경기 부양이나 부동산 시장의 거래 활성화는 부동산 시장에 호황을 불러온다. 물론 그 폐단으로 투기 현상도 있다. 하지만 단순히 그러한 현상만 있는 것은 아니다. 결정적으로 많은 일자리를 창출한다. 건설현장 노동자부터 제조업체 직원, 하청업체 직원, 설계사, 변호사, 건설업자, 건물의 바닥부터 조명까지 모든 자재를 공급하는 업체들, 인테리어 업자, 이사 업체, 그리고 공사가 끝나 입주가 시작되면 운영에 필요한 서비스 인력, 상점의 아르바이트생 등등의 수많은 일자리를 창출하는 기능도 있다. 게다가 결정적으로 단기간 내에 일정 수준 이상으로 정부의 세수 확보까지 가능하게 한다. 역사적으로 정부는 경제를 살리기 위해 이 전략을 꽤 애용했음을 우리는 잊지 말아야 할 것이다.

우리가 노려야 할 것은 이 건설경기의 호황기 전(前), 혹은 부동산 활황기가 끝난 시점에 서서히 부동산을 저렴한 금액으로 매입하는 것이다. 부동산을 제값 주고 사는 것은 돈이 많다면 누구나 할 수 있는 행동이다. 굳이 애써서 부동산 공부한다고 씨름할 필요가 없는 것이다. 그냥 있는 돈 가지고 마음에 드는 부동산을 집어 사면 그만이다. 분석도 필요 없다. 불경기와 호경기를 타지 않는 번화가의 부동산을 사면 된다.

하지만 자금이 충분치 않다면 똑똑하게 사야 한다. 우리는 한 푼이라도 수익을 늘리고, 위험을 줄이는 투자를 해야 한다. 우리는 고무줄이 약간이라도 수축했을 때, 그때 투자에 나서야 하는 것이다.

06

돈 되는 부동산을 고르는 방법

"대부분의 사람들은 집 사는 것을 일생일대 최대의 쇼핑이라고 생각해."

언젠가 어머니가 해주신 말씀이다. 나는 이 말이 실로 큰 충격이었다. 나는 아버지가 집을 사고파는 것을 어렸을 때부터 봐와서 집을 사는 것이 대단한 일이라고는 생각해본 적이 없었다. 때문에 어머니의 말은 나에게는 꽤 충격이었다.

'집을 산다는 게 일생일대 최대의 쇼핑이라니….'

요즘은 그런 인식이 조금 덜해진 것 같기도 하지만, 아직도 많은 사람들이 '집은 평생 한 번 사는 것'이라 생각한다고 한다. 평생 모은 돈으로 집 한 칸 장만하는 게 꿈인 사람들이 많다고 한다. 그들은 '돈 되는 부동산'을 떠나서, 일단 집을 가져보는 것이 꿈이라고 한다. 2년에 한 번씩 집을 옮기는 게 정말이지 스트레스라고 나에게 하소연한다.

몇 년 전 부동산 포럼에서 '돈 되는 부동산 고르는 방법'에 대해 강연을 들은 적이 있다. 듣고 나서 엄청 짜증이 나는 강의였다. 비유를 들자면 기껏 공부해서 대학교에 입학을 했는데 '초등학교 1학년 슬기로운 생활' 책을 가지고 교수가 강의하는 느낌이었다고나 할까.

"여러분 우리 대학교에 입학하신 것을 환영합니다. 자, 첫 강의 시작하겠습니다. 슬기로운 생활 책 펴시고요. 여러분, 페이지 5에 있는 그림처럼 밥을 먹을 때는 숟가락을 오른손으로 쥐십시오. 그리고 밥을 퍼서 입에 넣고, 꼭꼭 씹어 먹는 것이 중요합니다."

강연자는 모 은행에 PB센터 센터장이었다. 그가 말하는 '돈 되는 부동산'은 대략 이러했다.

1. 전철역과 도보로 10분 내외에 있는 역세권 부동산을 사야 하며, 정말 10분 거리인지도 직접 걸어다니며 확인을 꼭 해야 한다.
2. 더블 역세권 부동산(두 전철역 사이에 있는 부동산) 혹은 트리

플 역세권 부동산(세 전철역 사이에 있는 부동산)이면 더욱 좋다.

3. 인구가 계속 증가하는 곳에 부동산을 매입해야 한다는 사실을 잊지 말아야 한다.

4. 신도시 투자는 되도록 추천하지 않는데, 특히 신도시 상가는 상권이 형성되기까지 상당한 시일을 필요로 하기 때문에 신도시에 투자할 때에는 심사숙고해서 결정해야 한다.

5. 분양은 건설사에서 프리미엄을 많이 붙여 분양하기 때문에, 내가 분양을 받고 나중에 매매했을 때 이윤이 적을 수 있으니 분양가에서 추가 상승을 예측하기 어렵다면 최대한 분양시장은 추천하고 싶지 않다.

6. 한강을 중심으로 한강과 가까운 곳에 투자하는 것이 좋다.

7. 서울 강남은 타 지역에 비해 투자수익률은 적을 수 있으나, 썩어도 준치라고(값어치가 있는 물건은 다소 흠이 생겨도 어느 정도 본디의 가치를 지니고 있다는 뜻) 역시나 매력적인 투자처이다.

8. 부동산은 역시 입지가 제일 중요한데, 상가는 목이 정말 중요하다.

9. 가능하면 언덕배기에 있는 부동산보다 평지에 있는 부동산을 사는 것이 좋은데, 그 이유는 평지에 있는 부동산이 언덕배

기에 있는 부동산보다 매도 시에도 더 쉬울 수 있기 때문이다.
10. 부동산은 직접 발품을 팔며 알아보고 사야 한다.
11. 이러니저러니 해도 학군이 좋은 곳이 결국 좋은 곳이다.

뭐랄까. 너무나 당연하고 기초적인 내용이라 당황할 정도였다. '이 내용을 몰라서 이 자리 앉아 있는 사람이 과연 있을까?'라는 생각을 하게 한 강의였다. 나를 포함해서 그곳에 강연을 들으러 온 사람들 중 이런 유치한 강연을 기대하고 간 사람은 아마도 없었을 것이다. 게다가 '1금융권 은행의 유명 PB센터장의 강연이 고작 이것인가'라는 마음을 지울 수 없는 강의였다.

사실 우리 대부분 돈이 될 만한 부동산이 무엇인지 알고 있다. 보기 좋은 떡이 먹기도 좋다는 말은 떡에만 해당되는 말이 아니다. 부동산도 마찬가지이다. 보기 좋은 부동산은 누가 보기에도 좋다. 그리고 이러한 부동산들은 그만한 값어치와 함께 높은 매매가를 형성하고 있다.

이 책을 보고 있는 분들에게 여쭤보고 싶다. 위에 센터장이 돈 되는 부동산이라고 강연 내용에 대해, 생전 처음 보는 내용이 있는지. 사실 위 내용 모두, 우리가 알고 있는 내용이다. 우리는 돈이 될 만한 부동산의 조건을 이미 잘 알고 있다. 그렇다면 우리는 돈 되는 부동산의 조건을 잘 알고 있는데, 왜 부동산을 못 사고 (혹은 사지 않고) 있는 것인가.

문제는 돈 되는 부동산만 찾기 때문이다. 사실 돈 되는 부동산도 단점은 있다. 그것은 돈이 크게 안 될 것 같은 부동산보다 상대적으로 비싸다는 것이다. 그러다보니, 재정적인 이유를 들어 '안 사게 되는 것'이다. 아니, 좀 더 정확하게 표현하면 '포기하게 되는 것'이다. 그러면서 "아, 역시 부동산은 비싸. 평생 개미처럼 열심히 벌어도 부동산이란 물건은 나랑은 인연이 없는 남의 나라 이야기네"라며 포기하게 되는 것이다.

나는 이렇게 제안하고 싶다. 처음 부동산을 살 때에는 너무 조건이 좋은 (소위 돈이 되는) 부동산만 찾아다니지 말라고. 물론 재정적인 여유가 있다면 당연히 돈이 되고, 비싸고, 좋은 위치에 있는 부동산을 사는 것이 좋다. 기왕이면 다홍치마이다. 이러한 부동산은 전쟁만 일어나지 않는다면, 늘 높은 임대료를 받을 수 있다. 서울 강남역 근처 대로변에 있는 상가를 생각해보면 쉽게 이해가 될 것이다. 또, 매매가도 마찬가지이다. 간혹 경제위기가 발생한다고 해도 잠시잠깐 하락은 있을지언정, 부동산 시장의 회복과 함께 계속적으로 매매가의 상승곡선을 그릴 것이다. 하지만 이 책은 평범한 직장인 20대를 위해 쓰는 책이므로 이러한 조건 좋은 부동산에 대한 언급은 되도록 자제하려고 한다.

주식으로 비유를 들어보자. 몇 년 후 당장 3배가 뛸 수 있는, 제아무리 좋은 우량주라고 해도 내가 수중에 가진 돈이 그 우량주의 한 주도 못 사는 형편이라면 그 우량주는 나에게 있어 좋은 주식이 아닌 것이다. 부동산도 마찬가지이다. 몇 년 후 개발이 되어 상전벽해가 될 좋은 부동산이라도, 내 수중에 그 부동산을 계약할 계약금(매매가의 10%)도 없다면 그 부동산은 나에게 좋은 부동산이 아니다. 그야말로 그림 속의 떡인 것이다.

다시 한 번 말하지만 돈 되는 부동산이 좋은 게 아니라, 나에게 맞는, 나에게 있어 좋은 부동산을 사야 한다. 나에게 있어 좋은 부동산이란 결국 내 수준에서 감당할 수 있는 부동산이다. 나의 재정 상태를 확인하고, 그에 맞는 부동산을 캐내는 것이 우리가 부동산 시장에서 해야 할 첫 번째 숙제이다.

07

부동산 투자는 최고의 투잡이다

'월요병' 모든 직장인들이 앓고 있는 병이다. 대부분 월요일 점심시간에 맛있는 점심식사를 함으로써 병세가 약화되긴 하지만 치유되기 어려운 병이다.

나는 직장생활에 대해 환상이 있었다. 대부분 우리 세대가 그러하듯, 청소년기에 IMF를 겪은 세대이다 보니 모험은 '절대 노노!'이다. 월급 받는 생활이 제일 좋다고 느낄 것이다. 어쩌면 공무원이 제일 좋은 월급쟁이일 수 있을 것이다. 초봉은 그렇다 쳐도 연금까지 생각한다면 어중간한 중소기업 다니는 것보다 훨씬 좋다. 그뿐인가. 출산이나 육아, 또 자녀 학자금까지 생각하면 공무원이 훨씬 남는 장사일 것이다. 하지만 공무원도 아무나 하는 것은 아니지 않는가. 나는 공무원을 하자니, 팔자에 없는 것 같아 대신 취직을 했다.

그런데 직장생활을 하다보면 참으로 우울할 일이 많다. 직장상사가 아침을 거르고 오면 예민해진 심기 때문에 오전 중에는 조심할 필요가 있다. 중요한 결제는 되도록 점심식사 이후에 받는 것이 좋다. 식후 포만감은 사람을 느긋하게 하기 때문이다. 또한 몇 년에 한 번씩 업무효율성 증대라는 명목으로 사업부나 팀을 쪼개거나 합치는 경우는 더더욱 모두가 심란하다.

인사고과는 어떠한가. 회사마다 다를 수 있겠지만 팀원 중 누구 하나는 반드시 안 좋은 평점을 줘야 한다. 게다가 요즘은 서울에 있는 대학을 나와도 정직원으로 일하기 쉬운 시대가 아니다. 계약직으로 취직되는 것도 용하다는 세상이다. 이런 피곤한 세상을 사는 중에 부동산은 나에게 뭐랄까 등대 같은 희망이었다. 그리 대단한 부동산도 아니었지만 힘이 생기는 느낌이다.

나는 회사에서 우울한 일이 있거나 하면, 퇴근하고 내 집을 보러 간다. 그리고 건물의 벽을 만지며 요즘말로 쓰담쓰담('쓰다듬는다'는 뜻의 재미있는 요즘 표현)하고 온다. 그러면 직장생활을 하며 슬픈 감정이나 우울한 기분이 단번에 날아간다. 뭐랄까, 어른들이 말하는 '토끼 같은 자식'을 보는 느낌이려나.

물론 나의 이런 모습을 임차인들이 보면 조금 이상하다고 느낄 수도 있으니, 되도록 밤에 모자 쓰고 가서 내 집을 감상한다. 이런 나를 이상한 사람으로 오해하며 힐끔힐끔 쳐다보는 동네 사람도 있는데 개의치 않는다.

평범한 사람들은 월 단위로 자기가 버는 돈을 생각하지만, 사업하는 사람들이나, 소위 돈 좀 번다는 분들은 연(年) 단위로 본인이 버는 돈을 계산한다. 가만히 내가 한 해 동안 버는 돈을 계산해보면 언젠가부터 동기들보다 연봉 1000만원 이상 더 많이 받고 사는 사람이 되어 있었다. 직장에서 연봉 1000만원 올리기가 쉬운 일이 아닌데, 회사 밖이 오히려 쉬웠다.

하지만 냉정하게 생각해보면 회사 밖에서 이렇게 부동산으로 돈을 벌 수 있었던 이유는 결국 내가 다니는 회사의 월급이 주요했다. 월급을 받을 수 있어서 부동산에 도전할 수 있었던 것이다. 그래서 우리는 회사와 월급에 늘 감사해야 한다.

하지만 권불십년이란 말이 있지 않나. 아무리 잘나가는 직장인이라 해도 10년 후를 생각해 보아야 한다. 나는 또래보다 사회생활을 빨리 해봐서 안다. 10년이 얼마나 짧은 세월인지를. 그리고 보았다. 나와 나이가 겨우 십 몇 년밖에 차이가 안 나는 분들이 어떻게 타의 반, 자의 반 정년퇴임하게 되는지를.

우리가 육신으로 노동해서 돈을 버는 동안, 노동으로 돈을 벌 수 없는 나이가 되었을 때를 대비하여 부의 파이프라인, 즉 불노소득을 마련해 두어야 한다. 인생 선배들이 불로소득의 파이프라인을 만들지 못하고 퇴직해서 고생하는 장면을 뉴스에서 너무나 많이 봐왔다. 요즘은 퇴직하고 나서 치킨집도 아무나 성공하지 못한다고 한다. 사업을 하더라도 사업과는 별개로 매달 조금이라도 돈이 나올 곳이 있어야 한다.

예전에 YG엔터테인먼트의 수장 양현석 사장의 기사를 본 적이 있다. 주요 내용은 그의 부동산에 대한 애정을 알 수 있는 기사였다. 그는 90년대 말 기획사에서 홍보하던 가수의 성공이 불확실해지면 회사 또한 휘청하던 시기, 안정적으로 음악을 하기 위해 안전장치로써 부동산에 관심을 갖게 되었다고 한다.

그가 말하는 '안전장치'라는 표현은 사실 안정적이고 고정적으로 발생하는 부동산의 임대수익을 뜻하는 말이었다. 그는 안전장치를 연구하기 위해 7년 동안 매일 부동산중개사무소에 출근하다시피 하고, 부동산중개사무소 사장과 매일 점심식사를 같이하며 부동산에 대한 식견을 넓혔다고 한다.

그의 부동산 사랑을 보면서 많은 생각을 했다. 나도 나중에 어떠한 사업을 하더라도, 나의 노력과는 무관하게 안정적으로 고정수입을 매달 얻을 수 있을 때 사업을 하면 사업에 대한 조급함도 덜할 것이고, 좀 더 사업을 안정적으로 이끌 수 있을 것이라 생각했다.

한때 사업 준비를 하겠다고 직장생활을 하며 모은 돈과 없는 돈을 모아 특허출원 등으로 모두 다 써버린 적이 있다. 덕분에 직장생활은 꽤 했는데 왜 모은 돈은 없냐며 부모님의 핀잔을 들었다. 정말이지 자존심이 무척 상했다.

지금에 와서 하는 말이지만 '그때 그 돈으로 부동산에 투자하면 좋았을 텐데'라며 후회도 많이 했다. 여담이지만, 양현석 사장이 그 부동산 인터뷰를 조금만 더 빨리 해서 내가 그 기사를 조금 더 빨리 봤다면, 내가 특허출원 등 엄한 곳에 투자하는 일은 없었을 것이다.

부동산 투자는 직장을 다니는 중에는 단연 최고의 '투잡 파트너'일 것이다. 그리고 직장을 은퇴하고 나서는 최고의 '불로소득 파트너'가 되어줄 것이다. 내가 야근을 하고 주말에도 직장에 나와 일하는 중에도, 나의 부동산은 부동산 나름대로 늘 열심히 일을 하고 있을 것이다. 그리고 작게는 월세라는 이득을 나에게 다달이 통장으로 입금해줄 것이다. 또 내가 퇴직을 하고 난 후 노년에도 그의 충성은 여전할 것이며, 통장정리가 매번 그의 충성심을 증명할 것이다. 이 정도면 부동산을 투잡 파트너를 넘어 '천군만마'라고 표현해도 되지 않을까.

08

첫 투자는 5000만원 미만의 부동산으로 시작하라

나는 최근에 전세를 놓았다. 3400만 원 정도로 낙찰받은 집을 전세 5000만 원에 계약을 했으니, 나름 소소하게 남는 장사를 했다고 봐야 할 것이다. 그날 나는 우리 집 식구들과 소박하게 치맥을 즐겼다.

사실 전세를 놓을 생각은 없었다. 월세기간이 만료되기도 했고, 사업이 흥해 더 큰 집으로 이사 가는 세입자를 축하해주며, 집 근처 공인중개사사무소에 월세를 놓으러 갔다. 퇴근 후 어둑어둑한 시간에 세를 놓기 위해 여러 부동산중개사무소에 들렀다. 푹푹 찌는 초여름 밤에 부동산중개사무소 투어를 했다.

그중에 한 부동산에서 전세를 놓아보는 게 어떠냐고 제안을 했다. 전세는 그다지 탐탁치 않았지만, 일단은 오케이 했다. 며칠 후,

전세계약을 원하는 손님이 있으니 몇 시에 부동산중개사무소에 방문해주실 수 있냐는 문자를 받았다. 그리고는 그날 계약서를 작성했다.

참고로, 부동산을 임대하거나 매매를 할 때, 그저 전화상으로 부동산중개사무소에 의뢰하거나 몇몇 부동산중개사무소에만 의뢰하는 것은 좋지 않다. 물론 부동산중개사무소 한 곳에만 의뢰해도 공인중개사들이 이용하는 사이트 등이 있어서, 다른 부동산중개사무소에서도 어느 집이 매매 혹은 임대 의뢰를 했는지 알 수는 있다.

하지만 이런 경우 공동 중개가 되어 중개수수료가 줄어든다. 때문에 매물이 많은 시기에 공인중개사들은 굳이 공동 중개해야 하는 부동산 물건보다 고객이 직접 자신에게 의뢰한 부동산 물건을 계약하려 노력한다.

간혹 "몇 년째 우리 집은 매매가 안 돼요", "우리 집은 임대가 도무지 안 돼요"라고 하는 분들이 있다. 하지만 사실은 얼마나 많은 부동산중개사무소에 들러 매매(혹은 임대)를 의뢰했는지 생각해봐야 할 일이다. 물론 그분들의 말처럼 유달리 거래가 쉽지 않은 부동산 물건들도 있다. 그리고 시기적으로 부동산 거래 등이 어려운 때도 분명 있다. 하지만 많은 부동산중개사무소에 들러 의뢰하는 수고로움을 감내하지 않았던 게으른 집주인의 잘못도 적지는 않을 것이라고 봐야 할 것이다.

내가 그리 큰 부자는 아니지만, 나는 부동산 경매라는 제도의 덕을 많이 보았다. 어떤 사람들은 "경매도 다 운이 있어야 하지"라고 종종 푸념한다. 맞는 말이다. 물론 운이 필요하다. 부동산 지식이 많다고 해서 모두가 낙찰되는 행운을 얻을 수는 없다. 운이 필요하다. 나는 심지어 '실력보다도 운'이라고 생각하는 편이다. 다이내믹한 어린 시절을 보낸 나로서는 운이 얼마나 중요하고 무서운지 잘 아는 편이다.

세상은 노력만으로는 절대 되지 않는다는 것을 나는 10대 때 이미 뼈저리게 배워서 안다. 어떤 사람들은 "내가 이렇게 이렇게 노력하니 되더라고요", "내가 얼마나 노력했는지 아세요? 코피를 쏟아가며, 링거 맞아가며, 밤잠을 줄여가며 노력했습니다"라고 말하며 본인의 노력과 고생담 보따리를 풀어 놓으며 피력한다. 그런데 나는 감히 말하지만, 본인의 노력이 전부가 아니었다고 말해주고 싶다. 노력이란 것은 사실 당연한 것이다. 그동안 그런 치열한 노력을 안 하고 살았다면 오히려 반성을 해야 할 일이다.

모든 일이 이루어짐에 있어 본인의 노력만으로 이루었노라고 말하는 것은 오만 중에 오만이다. 세상일 어느 것이라도 일의 경중,

크고 작음의 문제를 떠나서 무언가가 이루어지기 위해서는 다른 이들의 도움이 필연적이다.

나는 내가 그렇게 중요하게 생각하는 '운'을 '다른 이들의 도움'이라고 정의한다. 무엇인가가 이루어진다는 것은 다른 이들의 도움이 필연적으로 작용했다고 본다. 자신의 노력만으로 무언가를 얻었다고, 이루었다고 주장하는 이들을 내가 경멸하는 이유이다. 그들은 음으로 양으로, 직접적으로 간접적으로, 내가 알게 모르게 도와준 타인들에 대해 감사할 줄 모르는 사람들이다. 그런 감사하는 마음이 없는 투자의 끝은 사상누각이 될 뿐이다. 나는 그런 경우를 많이 보아왔다. 그리고 이는 내 주위의 부동산 부자들이 유달리 하찮은 것에도, 어찌 보면 미신으로 치부해버릴 만한 것에도 감사해하는 이유이기도 하다.

내가 돈 100만 원을 벌던 막내 사원 시절에, 집이라는 물건을 거머쥐게 된 행운에 대해 골똘히 생각을 해본 적이 있다. 거머쥔 행운에 비해, 내가 기존에 알고 있었던 부동상 지식은 사실 알량했다고 봐야 할 것이다. 이것은 겸손이 아니라 사실이다. 나에게 돈을 빌려준 은행 분들, 안타까운 사연이지만 경매공고에 부동산이 나온 것, 법원에서 각종 절차에 대해 안내해준 분들, 낙찰을 축하한다는 듯이 옅은 미소로 내 인감도장을 받아 서류에 찍어주던 많은 어른들이 있었기 때문이다. 그들 덕에 지금의 내가 있을 수 있었다. 나는 지금도, 앞으로도 이 사실을 늘 마음에 새기고 살아가기로 했다.

내가 그랬듯 이 시대를 살아가는 청춘들에게 5000만원 미만의 집을 사보길 권한다. 물론 마트에서 사이다 한 병을 사는 것처럼, 스타벅스에서 아메리카노 한 잔을 마시는 것처럼 간단한 일은 아닐 것이다. 부동산에 대한 지식이 있고 없고를 떠나, 특히나 없는 살림에 집을 산다는 것은 어찌 보면 거대하게 느껴질 것이다.

하지만 그런 쫄보 마인드로는 어느 것도 이룰 수는 없다. 지금 나의 상황이 극으로 치닫는 상황처럼 보여도, 말도 안 돼 보이지만, 나는 어떻게든 무슨 수를 써서든 이루어보겠다고, 칼을 가는 마음으로 끝까지 나의 뜻을 견지해야 한다. 그러면 없던 돈도, 상상도 못해봤던 도움의 손길도 생긴다. 이것은 내가 경험했던 바이다.

물론 어떤 이들은 그까짓 5000만원 미만의 집이 집이냐며, 그런 조그마한 투자가 성에 차냐며 험담을 늘어놓을 것이다. 그러나 천릿길도 한걸음부터다. 어차피 지금 당장 한남동의 고급빌라를 살 정도의 능력이 없다면, 작은 투자부터 하면서 부동산에 대해 소소한 즐거움을 키워보는 것도 좋을 것이다.

무슨 일이든 초반에 좋은 기분, 좋은 느낌을 느끼는 것이 중요하다. 이는 내가 후배들에게 업무를 가르쳐 줄 때에도 일을 최대한 쉽게 알려주고 하는 이유이기도 하다. 어떤 업무를 익힘에 있어서 처음부터 굳이 겪지 않아도 될 생고생을 시키면 사람은 학을 떼게 된다. 그 괴로웠던 기억이 너무 심하면, 그 트라우마에 때문에 그 일에 대해서는 생각도 하기 싫어진다. 그리고는 초반에 안 좋은 기억 때문에 잘 풀릴 일도 더 일이 꼬이기 마련이다.

세상 사람들 대부분이 부동산에 대해 안 좋은 이야기만 하는 게 안타깝다. 우리 세대 친구들에게 부동산에 대해 좋은 기억을 심어주고 싶다. 나는 내 책에서 집을 사기 위해서는 누군가의 말처럼 30년이 걸린다는 둥, 20년이 걸린다는 둥, 이런 말도 안 되는 주장을 하나하나 깨 보일 것이다. 우리 세대 평범한 청년들이 원하는 집은 먹지도, 입지도 않고 숨만 쉬며 30년 동안 월급을 모아서 살 수 있는 강남 삼성동의 고급주상복합이 아니다. 그런 고급주택이 목표가 아니라면 분명 승산이 있다!

내 집

PART
04

20대 청춘을 위한 부동산 재테크 10계명

01

전세 살 돈 있으면 월세를 살아라

"'팍팍한 서울살이' 전월세 비중 최대… 월세가구, 전세 첫 추월'

한 포털사이트 부동산 뉴스 기사 중 한 헤드라인이다. 내용인즉슨, 전세 값 상승세와 저금리 기조의 지속으로 인해 처음으로 월세 가구 비율이 전세 가구를 앞질렀다는 기사였다.

이 기사는 통계청의 자료를 인용하며, 통계청이 가구 점유 형태를 전/월세로 나누어 조사하기 시작한 1975년 이후 월세 가구 비율이 전세 가구를 처음으로 앞질렀다고 했다. 게다가 전세 가구 감소세는 수도권에서 더 크게 나타났으며, 월세 가구의 비중은 그만큼 더 증가했음을 시사했다. 한마디로, 월세 사는 사람들이 늘어나고 전세 사는 사람들이 줄어들었다는 통계 자료이다.

많은 사람들이 알다시피 전세는 우리나라에만 있는 부동산 임대

형태다. 일정금액을 집주인에게 전세금이라는 명목으로 맡기고 대략 2년 정도를 집주인의 집을 빌려 거주한다. 이후 임대기간의 만료 시, 퇴실과 동시에 집주인에게 맡겨놓았던 전세금을 돌려받는다. 예전에는 보통 임대 기간 동안 집주인은 세입자가 맡겨놓은 전세금이라는 적지 않은 돈을 은행에 넣어두고 은행에서 이자를 받는 재테크를 했다. 즉 세입자 입장에서는 주거비용으로 은행 이자만큼의 돈을 지불하며 집주인의 집에서 일정 기간 동안 거주할 수 있는 것이었다.

예전에는 금리가 높아 세입자로부터 받은 전세금을 그저 은행에 넣어놓고 은행 이자를 받는 것만으로도 충분한 재테크 효과가 있었다. 하지만 지금은 예전과 달리 은행 이자가 저렴해져 집주인의 입장에서 볼 때, 세입자로터 받은 전세금을 은행에 고스란히 묻어두어봤자 이자 받는 재미가 예전만큼 못한 것이 현실이다.

물론, 전세금을 받아 다른 투자처에 투자를 하여 전세금으로 받은 돈 이상의 수익을 낼 수도 있다. 하지만 언젠가 세입자에게 돌려줘야 하는 돈인 전세금으로 그런 모험적인 투자를 꺼려하는 집주인들은 서서히 전세보다는 월세로 임대방식을 바꿨다. 한마디로 위의 부동산 뉴스기사처럼 월세 전성시대가 된 것이다.

반대로 주거비로 은행 이자 정도만 지불하며 타인의 집을 빌려

살 수 있었던 많은 세입자들은 은행 빚을 끌어다가 자기 집을 사버리던지, 반전세 혹은 월세살이로 변해야 했다. 그리고 언론에서는 사람들의 삶이 팍팍해졌고, 서민들이 전세라는 제도를 이용하여 주거비를 아끼며 돈을 모을 수 있었던 시대가 저물어간다고 기사를 써내려갔다.

정부에서도 전세제도보다 월세제도를 장려하기에 이르렀다. 월세는 고스란히 집주인의 수익으로 간주할 수 있어 세금을 매기기 위한 명분이 좋다. 하지만 언젠가 세입자에게 돌려줘야 하는 전세금이라는 돈의 특성상, 세입자로부터 받은 전세금을 잠시 보유하고 있는 집주인에게 전세금에 대한 세금을 부과하겠다고 하기에는 명분이 부족할뿐더러 이런저런 이유로 여론의 공격받기에 좋기 때문이다.

이러한 사회적 상황 속에 젊은 세대들은 기성세대에게 다음과 같이 원망을 토로한다. 어르신들의 시대에는 금리도 높고, 나라가 고성장을 하던 시대였다. 전세 등을 이용해 돈도 모을 수 있었고, 나중에 돈을 모아 집도 사고, 윤택하게 살 수 있었는데, 왜 우리 세대에게는 전세라는 나름 좋은 제도마저 점차 축소해서 집도 사기 어려운 나라를 만드냐고. 나아가 이제는 정말 신분상승의 사다리까지 치워버리는 것이냐고.

이쯤에서 우리 가족이야기를 할까 한다. 나의 아버지는 IMF 때 부동산을 매입해 돈을 번 분이다. 사실 아버지는 젊은 시절 요즘 말로 소위 흙수저였지만, 열심히 노력한 덕분에 집도 있고 결혼도 한 괜찮은 가장이었다. 하지만 어떤 일로 인해 가지고 있던 집을 포함하여 거의 모든 자산이 없어지기에 이르렀다. 다행히 사업을 열심히 하시며 지내다가 40대에 부동산에 눈을 뜬 분이다. 조그만 빌라 투자로 수익을 내서 부동산에 흥미를 느낄 쯤 IMF가 온 것이다.

그때 나는 초등학교 5~6학년쯤이었다. 아버지는 부동산이 돈이 된다는 것을 깨닫고 집안에 동원 가능한 현금을 모조리 모아 부동산에 투자했다. 집안의 현금이 될 만한 것들은 모조리 부동산 투자를 위해 쓰여야 했기 때문에, 덕분에 우리 가족은 월세살이를 해야 했다.

당시 나는 부천에서 초등학교를 다녔었는데 가족이 월세살이를 했던 집은 작은 방 두 칸에 화장실이 집 밖에 있었다. 제대로 된 욕실도 욕조도 세면대도 욕실타일도 없었다. 항상 쪼그려 앉아서 세수를 해야 했으며, 겨울에는 뜨거운 물이 잘 안 나와서 물을 끓여 양치를 해야 했다. 가끔 화장실을 가기 위해 문을 열고 나가면 쥐를 보는 날도 있었다. 당장이라도 도둑이 들 것만 같은 보안이 취약한 집이었다. 부모님이 집에 안 계신 시간 동안 집에 혼자 있는 시간은 정말 무서웠다. 간혹 혼자 있거나 동생과 단둘이 있을 때에 집 밖에서 문을 두드리는 소리가 나면 무서워서 사람이 없는 척하기도 했다. 게다가 이런 집이 창피해서 친구들을 집에 데리고 와서 놀 수도 없었다. "너는 집이 어디야?"라는 친구의 물음에 제대로 대답하기 싫었던 적도 많았다. 심지어 한 친구는 이런 나를 수상하게 여겨 내 뒤를 몰래 따라와 우리 집이 어디인지 알아내고 학교에 소문을 내기도 했다. 지독한 아이였다. 나와 이름이 비슷한 아이였다. 자존심도 상하고 눈물도 났었다.

그럴 때마다 아버지는 우리 집이 가난해서 이런 집에 사는 것이 아니라고, 돈이 없어서 이런 집에 사는 게 아니라고, 더 멋지고 큰 집에 이사 가기 위해 잠깐 여기 살고 있는 것이라고 어린 나와 동생을 타이르고는 하셨다.

물론 그런 아버지의 말로 사춘기 시절 상처가 가시지는 않았지만, 어찌어찌 그 세월이 지나가긴 했다. 그리고 얼마 안 되어 정말 아버지는 안산에 건물 한 채를 매입하셨다. 안산의 건물은 지상 4층에 지하 1층인 상가주택이었다. 그리고 몇 년 후, 거의 2배에 달하는 금액에 건물을 매매하셨다. 당시 아버지로서는 꽤 훌륭한 투자를 했던 셈이다.

'남의 집에 세 들어 산다면 그것은 다른 누군가의 부를 창출하고 있다는 뜻이다.'

이 글은 랍비(유대교의 율법교사에 대한 경칭) 셀소 쿠키어콘의 저서《유대인이 대물림하는 부자의 공리》에서 나오는 구절이다. 분명 남의 집에 세 들어 산다는 것은 다른 누군가, 즉 집주인에게 부를 창출해주고 있는 것이다.

하지만 다른 누군가에게 부를 창출해 주는 것 이상으로, 그를 상쇄하고도 남을 만한 가치가 있다면 월세살이가 큰 흉은 아닐 것이다. 부동산에 대한 식견이 있어 투자를 하고, 집주인에게 바치는 월세금액 이상의 수익을 낼 수 있다면, 전세 살 돈으로 월세를 살라고 말해주고 싶다. 비전이 있고 목표가 있고 꿈이 있다면, 전세보다는 월세를 사는 것이 절대적으로 현명하다.

다시 한 번 더 강조하고 싶다. 자신이 전세자금 정도의 돈이 있다면 절대 전세를 살지 말고, 그 돈으로 월세를 살면서 투자하길 권한다. 대신, 투자는 명확한 확신이 있고 난 다음에 해야 한다. 투자는 도박이 아니다. 세상 모든 섭리를 알고 계획대로 척척 잘되는 사람이 몇이나 있겠냐마는 최소한 강한 확신은 가지고 있어야 한다. 확신으로 무장되어 있는 자신을 발견할 때 투자하자. 그리고 그 강한 확신은 부동산에 대한 최소한의 기초지식을 전제로 한다는 것도 잊지 말아야 한다.

그리고 전세 살 돈 조차 없는 청년들에게 현실을 너무 비관하지 말라고 말해주고 싶다. 월세 살면서도 투자하며 돈 벌 수 있다. 나의 아버지가 그랬다. 우리 아버지의 시대는 지금의 시대와 다르지 않느냐고 반문할 수 있겠지만, 내가 보기에 직장을 다니고, 음주, 도박, TV, 게임, 사치 등에 빠져 살지만 않는다면 가능하다.

나는 오히려 우리 세대 많은 젊은이들에게 물어보고 싶다. 지금 당신은 너무 좋은 집에 살고 있지는 않는지. 방금 전 말한 나의 어린 시절, 그 말도 안 되는 집 같은 곳에 살면서 절치부심하며 잘살아보겠다고 이를 갈며 살아보았는지. 그러면서 뉴스나 신문에서 이제는 평범한 사람이 집을 사려거든 숨만 쉬고 살면서 20년, 30년 돈을 모아야 집한 채를 살 수 있다는 말을 곧이곧대로 믿으며 살고 있지는 않은지. 그런 언론의 말만 믿고 다 포기하는 마음으로 '에라 모르겠다. 어차피 집도 못살 거 사치나 하자, 해외여행이나 다니자'라는 마음으로 살고 있지는 않은지.

물론 그런 마음을 가졌을 수 있다. 몰랐기 때문이다. 하지만 이 책을 보고 있다면 이제 그런 마음을 갖지 않아도 된다.

모두들 정부의 잘못된 부동산 정책으로 전세가 귀해지고, 전세

값이 나날이 올라 집 없는 서민들의 고통이 이루 말할 수 없다고 한다. 나는 이런 정부의 정책을 비난하거나 옹호할 마음은 없다. 대신 나는 이렇게 말하고 싶다.

"전세값이 오르는 것은 중요한 것이 아닙니다. 오르는 전세 값에 주목할 것이 아니라, 진짜 내 집을 갖고자 하는 욕망을 갖기 바랍니다. 내 집을 장만하는 것, 그것에만 집중하십시오. 그리고 그 방법으로 우리 가족이 그랬듯 허름한 남의 집에 월세를 사십시오. 지금 당장 당신이 잠자고 일어나는 집은 좀 누추해도 좋습니다. 그리고 확신을 가지고 부동산을 공부하고, 부동산에 투자하십시오. 내 집 장만, 그렇게 먼 꿈이 아닙니다."

02

부동산대폭락만 기다리지 말고 '헤지'를 하라

나는 여의도 모 회사의 재무팀(Treasury)에서 일을 했다. 당시 내가 담당하던 업무 중 하나가 외화(外貨)였다. 한마디로 달러(USD), 위안화(CNY), 홍콩달러(HKD), 싱가폴달러(SGD), 엔화(JPY)의 현금흐름 등을 보고하고 차트로 만들어 관리하는 업무였다. 그때 외화를 담당하면서 배우게 된 개념이 '환헤지'였다.

'환헤지'의 정의에 대해 네이버 포털사이트에서 검색해 보면 다음과 같이 나와 있다.

환헤지 '환(換, 바꿀 환)'과 '헤지(hedge)'의 결합어로, 환율 변동에 따른 위험을 없애기 위해 현재 수준의 환율로 수출이나 수입, 투자에 따른 거래액을 고정시키는 것을 말한다. 가령 조선업체가 현재 원·달러 환율로 환헤지 계약을 맺는다면 앞으로 달러 대비 원화 값이 급변하더라도 원화 기준의 수출계약 금액은 그대로 유지시킬 수 있다. 투자, 수출, 수입 등 거래 시 환율 변동에 따른 위험에 대비해 환율을 현재 시점의 환율에 미리 고정하는 것을 말한다. 환율이 오를 경우의 이익을 포기하는 대신 환율이 내릴 경우의 손해를 막는 것, 즉 환율변동에 대한 위험을 회피하는 것이 환헤지의 목적이다.

간단하게 얘기하자면 이러하다. 외국 돈을 거래할 때에는 환율이라는 개념이 필요하다. 환율은 시시각각 오르기도 하고 내리기도 한다. 쉽게 말해서 환율이 오른다는 것은 1달러가 900원에서 1000원이 되는 것이고, 환율이 내려간다는 것은 1달러가 1000원이었다가 900원이 된다는 이야기이다.

그런데 이렇게 시시각각 환율이 변하면, 미래 ○월 ○일에 있을 외화 거래금액에 대해 도대체 얼마 정도의 원화(한국돈)가 필요할지 예상하기가 어려워지는 것이다. 물론, 환율이 시시각각 변한다고 해도 대부분 소폭의 변동이 있는 게 일반적인 경우이긴 하지만 말이다.

하지만 국내외적으로 어떠한 이슈가 있는 경우, 환율이 출렁이게 된다. 그래서 혹여나 발생할 수 있는 이러한 경우에 대비하기 위해 환율을 정해서 "우리 이 환율로 외화를 거래하기로 하는 겁니다"라고 상호간에 약속을 하게 되는 것이다. (현재시점의 환율로 딱 정해서 그 환율로 외화거래를 하는 행위라고 생각하면 편하다.) 이렇게 되면 환차익같이 환율로 이득을 크게 볼 일도 없지만, 환율로 인해 크게 손해 볼 일도 생기지 않게 되는 것이다.

결국 '헤지(Hedge)'라는 말은 '위험회피'를 뜻하는 말이다. 나는 나와 친한 이 '헤지'라는 개념이 부동산 투자에도 반드시 필요하다고 생각했다. 그런데 한국 돈을 가지고 한국 부동산을 사는데 무슨 헤지가 필요할까. 부동산에 있어서 위험이란 무엇일까.

나는 스무 살 때 공인중개사가 되었다. 당시 나를 가르쳐주셨던 스승님은《공인중개사 한 권으로 따자》의 저자 홍평희 교수님이었다. 학과 공부와 자격증 공부를 같이 하고 있을 때였는데, 미국발 금융위기 리먼 사태를 경험하게 되었다. 그 대단한 미국이 그 멋진 금융시스템을 가지고도 저렇게 폭삭 주저앉다니 믿기지 않았다.

심지어 미국에서 금융위기가 오기 전 사자(死者)명의 즉, 죽은 사람의 이름으로도 주택 대출을 해주었다는 리먼 사태 다큐멘터리는 충격 그 자체였다. 미국의 선진적인 금융시스템을 항상 동경해오던 차였기 때문이다.

그런데 진짜 충격은 미국발 금융위기가 터지고, 그 여파가 한국까지 전해져 우리나라 부동산들이 거의 대부분 폭락했다는 것이었다. 물론 지금은 대부분 회복했지만, 당시 부동산 시장은 대부분 활기를 잃었었다.

많은 사람들이 부동산 대폭락에 대해 두려워한다. 그런데 정말, 부동산 대폭락이 무서운 것일까. 아니다. 내가 보기에 우리는 사실 부동산 대폭락이 무서운 것이 아니다. 디폴트가 무서운 것이다. 실체는 디폴트이다. 디폴트(Default), 즉 채무불이행을 말한다. 빌린 돈을 못 갚는 상황이 무서운 것이다. 그리고 이것이 부동산 투자에 있어 가장 큰 위험이라고 생각한다.

예를 들면 이러한 것이다. 부동산을 매입할 때 충분한 자기자본 즉 내 현금으로 부동산을 산다면, 부동산 대폭락이 무서울까. 그렇지 않을 것이다. 하지만 실상 대부분 부동산이란 큰 자산을 갖기 위해 은행과 같은 금융기관에서 돈을 빌린다. 그렇게 부동산을 샀는데, 부동산 경기가 하강국면에 들어서는 게 무서운 것이다. 정상적으로 거래되는 금액에 집을 샀다고는 했지만, 사실은 거품이 껴있는 상태에서 집을 샀을 것이고, 그때 그 거품만큼이나 많은 돈을 금융기관에서 끌어다가 집을 샀을 것이다. 그만큼 다달이 나가는 은행 이자도 많을 것이다.

특히나 단타성 부동산 투기를 하는 사람의 경우, 부동산 경기가 꺼져가는 국면이 된다면 매매도 안 되고 높은 이자만 열심히 지불하게 되는 상황이 벌어질 수 있다. 게다가 세입자가 월세라도 밀린다면 문제가 심각해지는 것이다. 은행에서 빌린 돈을 다달이 못 갚게 되는 수가 있고, 어쩌면 파산 신청을 하게 되며, 부동산은 경매에 넘어가게 되는 것이다.

그래서 부동산 투자에 있어서 이러한 위험(디폴트)을 회피하는 방법, 즉 부동산 투자 헤지방법을 크게 3가지로 정리해보았다.

1. 원리금 상환

원리금 상환 조건으로 대출을 받으면, 매달 원금과 이자를 내게 된다. 이 원금과 이자는 세입자가 나에게 주는 월세에서 100% 충당이 된다. 쉽게 말해, 세입자가 내 집 대출금을 갚아주고 있는 형국이라고 보면 된다. 심지어 계속 대출 원금은 줄어든다. 은행은 은행대로 돈을 벌고, 나는 나대로 월세 중 일부 금액이 수중에 남는 것이다. (나는 이 점에서 '부동산은 정말 재미있는 물건이구나'라고 느꼈다.)

요즘은 그렇지 않지만, 집을 살 때 은행에서는 "원금은 나중에 집을 팔 때 한 번에 갚고 다달이 이자만 내세요"라고 권유했었다. 관례이기도 했고, 윗세대 어른들은 당연히 그렇게 해왔다. 하지만 나는 은행의 이러한 권유를 뒤로하고, 원리금 상환 조건으로 대출을 받아 집을 샀다. 원금이 지속적으로 줄어들게 하는 것은 나 나름대로 할 수 있는 위험회피전략이었다. 최근에는 정부에서도 정책적으로 부동산 시장 관련 대출에 대해 원리금 상환으로 유도하고 있다. 올바른 방향이라고 생각한다.

2. 집을 정상적인 금액에 사서는 안 된다.

무조건 조금이라도 저렴하게 매입해야 한다. 하다못해 인터넷쇼핑을 할 때도 어떻든 할인을 받으려고 마일리지를 쌓고 쿠폰을 모아 물건을 사지 않나. 그러면서 왜 부동산은 '정상가를 주고 좋은 부동산을 사야 한다'는 강한 믿음에 갇혀 있는지 모르겠다. 물론 돈이 충분한 분들은 그런 투자를 하는 것이 좋다. 비싸고 좋은 부동산을 제값 주고 사서 투자하는 것이 제일 이상적이다.

하지만 20대 청춘의 부동산 투자 방향으로는 글쎄다. 자금이 충분한 어른들 수중에 있는 돈과 우리 호주머니에 있는 돈의 갭이 상당하다는 것을 알고 있다면 이해가 될 것이다. 부동산을 저렴하게 구입하는 방법으로는 '급매와 경매, 공매' 정도가 있을 것이다. 나는 정상적인 금액보다 조금 더 저렴하게 사는 것을 부동산 투자 헤지의 한 방법으로 생각했다. 투자금액이 줄면 대출도 적게 받게 되며, 부담감도 역시 줄어들기 때문이다.

3. 갭투자는 하지 않는다.

시중에는 갭투자로 몇 십 채씩 부동산을 보유하고 있다는 분들의 서적이 많다. 하지만 나는 갭투자를 하지 않는다. '갭투자'란 전세가 들어가 있는 집을 매매로 사는 것이다. 쉽게 말해서, 전세가

9000만원 정도 들어 있는 1억짜리 집을 1000만 원 주고 사는 것이다. 그리고 매도 후에 매매차익으로 수익을 얻는 투자 방법이다. 매매가와 많이 차이 나지 않는 전세가 있는 집을 산다는 것은 투자금을 적게 들이고도 부동산을 매입할 수 있는 좋은 기회일 것이다.

하지만 나는 집에 대한 욕심이 많지도 않았을 뿐더러, 내 수중의 돈으로 갭투자를 할 만큼 여유가 있지 않았다. 게다가 우리 집안 자체도 굉장히 보수적이기 때문에, 그런 투기성 짙은 투자에 대해서는 회의적이었다. (깡통전세는 최악의 경우, 매매도 안 되는 상황에 역전세난까지 겹친다면 채무불이행 상황까지 갈 수 있다고 생각했다. 이렇게 되면 내가 가지고 있는 다른 자산들도 같이 경매에 나오는 피곤한 상황이 연출될 수 있음을 뜻한다.) 갭투자를 하지 않는 것은 나에게 부동산 헤지의 한 전략이었다.

부동산 대폭락이 중요한 것이 아니다. 설사 부동산 시장의 침체기가 온다고 해도 뭐가 그렇게 겁날게 있겠나 싶다. 부동산을 남들이 산 금액보다 저렴하게 샀고, 다달이 월세가 잘 들어오고 있고, 그 월세로 은행 이자와 원금을 꼬박꼬박 내고도 남는 돈이 있다면, 그 투자는 최소한 성공한 것 아닐까.

또한, 집을 사기 위해 은행에서 빌린 원금은 매달 계속 줄어들

것이다. (대출원금이 줄어든다는 점은 굉장히 중요하다. 특히 부동산 시장이 얼었을 때, 매매가 되지 않는 불경기일 때, 조금도 줄지 않은 대출원금에 대해 사람은 극도로 예민해질 수 있다.) 게다가 내가 산 부동산은 상당히 저렴하게 샀기 때문에, 혹여 부동산 침체기가 온다고 해도 크게 타격이 있지는 않아 겁날 것이 없다. 그리고 침체기를 벗어난 이후 나의 부동산은 인플레의 덕으로 최소한 과거의 금액보다는 올라 있을 것이다. 부동산 대폭락만을 기다리는 것은 무의미한 일이다.

03

휴가 때 부동산 여행을 떠나라

"일본 메이지유신의 주역이 태어났던 박물관 그리고 생가에 가고 싶다!!"

이 말은 SNS으로 대화하던 중 친한 지인이 내게 한 말이다. 나는 단박에 지금이 어떤 때인데, 네가 여행 타령이냐며 무안할 정도로 쏘아댔다.

내가 사랑하는 이 지인은 최근 여러 가지로 마음이 복잡한 상황이었기 때문에 힐링 차원에서 여행을 다녀오려고 했었다. 하지만 나는 결단코 반대했다. 별 보고 출근해서 별 보고 퇴근하며 열심히 일하는 남편을 생각해서라도, 여행 갈 돈으로 주택대출금이라도 상환하라고 화를 내다시피 조언했다.

나는 기본적으로 여행에 대해 회의적인 사람이다. 물론, 여행은 정말이지 많은 것을 볼 수 있고, 힐링을 시켜주고, 시야를 트여주는 귀중한 경험이다. 하지만 돈을 벌고자 하는 사람에게, 지금 당장 돈을 모아야 하는 사람에게, 혹은 경제적으로 여유롭지 않은 사람에게 여행은 단연코 '사치'라고 감히 단언한다. (물론, 사업과 관련이 있는 여행은 예외다.)

많은 직장인들이 휴가 시즌에 그동안 부족했던 수면을 취하거나, 해외여행을 가곤 한다. 여행이 사람들에게 주는 영감과 재충전의 기회는 소중하다. 하지만 안타깝게도 대부분 사람들의 여행은 먹방용, SNS 업로드 사진 찍기용이다. 이는 여행이 사치인 이유다.

우리의 목표는 부동산으로 재테크를 하는 것이다. 직장생활 중에는 부동산에 대해 공부할 시간도, 고민할 시간도, 연구할 시간도 많지 않다. 절대적으로 부족하다. 그러니 휴가 때만큼은 여행을 해도 부동산 여행을 해야 한다. 여유가 된다면 해외 부동산 탐방을 가보는 것도 좋겠지만, 이 책을 읽고 있는 독자라면 아직은 국내 부동산에 집중하는 것이 좋을 것 같다.

국내 부동산 여행이라고 해서 반드시 몇 시간씩 걸리는 타 지역의 땅을 보러 가란 뜻이 아니다. 바로 옆 동네 부동산 탐방도 좋다. 그리고 마음에 드는 동네라면 그 동네 부동산에 대해 연구하자.

물론 인터넷에서도 그 동네에 대한 정보를 찾을 수 있겠지만, 직접 눈으로 보고 발품 팔아가며 얻는 정보도 못지않게 귀중하다. 그 동네의 분위기는 직접 가서 눈으로 보는 것이 제일 좋고 정확하다. 그리고 그 동네의 부동산중개사무소를 샅샅이 뒤져 전화번호를 메모해야 한다. 부동산중개사무소의 명함을 받아오는 방법이 제일 좋다. 그리고 그 지역에 대해 각종 자료를 수집해서 그 지역에 대해 박사가 되는 것이다.

내가 아는 펀드매니저도 여행을 좋아하는 남편을 따라 자주 여행을 다닌다. 그분은 부동산에 관심이 많아 늘 여행을 갈 때 그 지역 부동산을 들른다고 한다. 해외여행을 가도 그 나라 물가 등을 파악하고, 그 나라 부동산에 대해 공부하고, 그 지역의 부동산중개사무소를 꼭 들른다고 한다. 그녀는 부동산에 대해 아는 것도 많고 항상 열정적인 분이다. 해외도 좋고, 국내도 좋다. 부동산에 관심이 있는 사람이라면 역시 그 지역 부동산중개사무소는 꼭 들러야 할 관광명소라고 여겨야 할 것이다.

또 '대법원 경매 사이트'에 들어가서 부동산 경매가 진행되는 날을 확인해 보는 것이 좋다. 그리고 그날에 맞춰 휴가를 내고 경매법정에 들러서 경매진행 과정을 보자. 지금 당장 경매에 관해 아무것도 몰라도 좋다. 그냥 들어가서 보면 된다. 어떠한 자격도 필요 없으며 무료이다. 참관하며 부동산 경매가 어떤 것인지 느껴보길 바란다. 그리고 미래에 내가 부동산 경매에서 낙찰받아 행복해하는 모습을 상상해보는 것도 좋다.

지인 중에 부동산에 관심이 막 생긴 분이 있었다. 이런저런 부동산 경매에 대한 궁금증이 많이 있기에, 경매가 진행되는 날 소풍 겸 경매법정에 들러 구경해보고 오라는 조언을 해준 적이 있었다. 마침 휴가 때 가 보기 좋은 법정을 말씀드렸더니, 그렇게 먼 곳을 어떻게 가냐며 손을 내저었다. 그녀는 서울 영등포구에 사는 분이었는데, 인천 주안에 있는 법원이 너무 멀다며 못 간다고 했다. 나는 이런 게으름을 가지고 있으면서 무슨 부동산에 대해 공부를 하겠다는 건지 그녀의 태도를 꼬집고 싶었지만, '저런 사람들도 있어야 경제가 돌아가지'라는 생각에 옅은 웃음을 지어주고 말았다. 그녀는 늘 정부의 부동산 정책을 욕하며, 집 한 칸 없는 자신의 신세를 한탄하곤 했다.

그리고 '금융 관련 컨퍼런스, 포럼 등에 참가'하는 것도 좋다. 이러한 포럼에는 부동산은 물론이거니와 거시적으로 세계 경제에 대해 배울 수 있는 다양한 프로그램들이 있다. 심지어 꿈에서나 만나볼 수 있는, 세계적으로 명성 높은 유명 인사들의 강연을 들을 수도 있다. 게다가 이런 포럼들은 사전 신청을 하면 대부분 무료이다.

나는 지난 해 참가했던 부동산 박람회 시티스케이프(CITI SCAPE KOREA)에서 국토교통부 관련 담당자의 부동산 정책 발표 등을 본 적이 있다. 정부에서 중점적으로 신경 쓰고 있는 지역은 어디인지, 어떠한 정책을 추진 중에 있는지 등등 정말 많이 배울 수 있었다. 그 외에도 아시아 최대 부동산 박람회로써 다양하고 풍성한 볼거리도 많았다. 과연 국제 부동산 축제라고 말할 수 있었다. 휴가를 내어 이런 곳을 참가한다면, 휴가를 좀 더 값지고 뿌듯하게 보낼 수 있을 것이다.

그리고 여행이 여의치 않다면, 여행 대신 '금융, 부동산, 재테크, 시사 등과 관련된 다큐멘터리 프로그램을 시청'하는 것도 좋다. 유튜브에 접속하면 이러한 프로그램들이 꽤 많다. 게다가 심지어 무료이다. 특히 EBS와 KBS, 중국 공영방송 CCTV 등에서 제작된 다큐멘터리 프로그램은 제작자에 감사한 마음이 들 정도로 훌륭하고 귀한 내용이 많다. 우리는 휴가 때 밀린 만화나, 드라마, 영화를 보는 것보다, 이런 값진 프로그램들을 보며, 부동산뿐만 아니라 부와 자산에 대해 시각을 넓혀야 한다. 이는 부동산 투자에 있어 상당한 도움이 된다.

또 '부동산 관련 책'을 보는 것도 좋다. 책만큼 좋은 스승도 많지 않다. 나는 소설책을 잘 보지 않는데, 그 이유는 내가 가장 중요하게 여기는 가치(지식이 되거나, 돈이 되거나, 건강에 도움이 되거나)와 어떠한 연관도 없기 때문이다.

감히 말하지만, 소설책이나 만화책은 돈과는 아무런 관련이 없는 책으로, 그 책을 읽는 동안에 주인공은 소설 속 주인공일 뿐이다. 그 시간 동안 내 인생의 주인은 내가 아닌 소설 속 주인공인 것이다. 이는 내 인생에는 마이너스가 되는 활동이다. 이러한 책을 열심히 읽으며, 회사 월급이 안 오른다고, 정부의 부동산 정책 등을 비방하고, 남 탓하며, 허송세월을 보내는 일은 제발 없어야한다.

우리가 읽어야 할 책은 재테크와 관련된, 그중에서도 부동산과 관련된 재테크 책이어야 한다. 가능한 한 많은 책을 읽어야 한다. 깨끗하게 읽지 말고, 밑줄도 긋고, 메모도 하며, 중요한 페이지라면 페이지를 접기도 하고, 읽고, 외우고, 쓰고 해야 한다. 그리고 그것들을 체화시키고, 실전에 나설 계획을 찾아야 한다.

그리고 간혹 책만 주구장창 읽는 분들이 있는데, 그렇게 영혼 없이 책을 읽는 것은 무의미한 행동이다. 너무나 당연한 이야기이지만 '이론나부랭이'가 중요한 것이 아니라, 핵심은 실전에 있음을 잊지 말아야 한다. 우리는 실전에 강해지기 위해 책을 읽는 것이지, 독서량을 늘리기 위해 부동산 책을 읽는 것이 아님을 주지해야 한다.

04

적금과 보험에 목매지 마라

'저금이 우리의 인생을 파괴한다.'

시바타 히로히토, 다케마츠 유우키가 공저한 《돈의 경영》 책 표지에 있는 글귀이다. 이 책은 내가 몇 번이고 다시 읽은 책이다. 그리고 나에게 돈을 넘어, 부동산 투자란 무엇인지 다시 한 번 더 생각하게 해준 귀한 책이다. '저금으로 부자가 되지 못한다'는 말은 귀에 못이 박히도록 들어서 우리 모두 알고 있는 말이지만, 저금이 우리의 인생을 파괴하기까지 한다니!

이 책에서 저금에 대한 요지는 다음과 같다.

1. 아무리 성실히 아끼고 아껴 저금해봐야, 노후에 쓸 자금은 부족할 수밖에 없다.

2. 부자가 되는 비결은 계속 돈을 모으는 것이 아니라, 돈을 어떤 형태로 사용한다(썼다)는 데에 있다.

만약 노후에 혹은 자신이 꿈꾸는 생활을 영위하기 위해 저금으로 자산을 늘린다고 생각해보자. 금리 인상기조가 있다고는 하지만, 현재로서는 어이없이 긴 시간 동안 저금해야 한다는 결론이 나온다.

물론 우리가 장수의 상징인 거북이라면 충분히 가능할 것도 같다. 대략 200년에서 300년 산다면 저금으로 부자가 되는 것도 불가능하지는 않을 것이다. 하지만 안타깝게도 인간은 이제 겨우 100세 시대를 살고 있을 뿐이다. 사실 100세 시대라고는 하지만, 취직은 늦어지고 퇴직은 빨라지는 시대를 살고 있다. 즉, 안타깝게도 돈 벌 시간은 줄어들고 수명만 늘었다는 말이다.

그런데 더 중요한 것은 예금 잔고가 늘어나는 것과 부자가 되는 것과는 차이가 있다는 사실이다. 우리가 열심히 저금을 하면 예금 잔고는 증가할지 모른다. 하지만 우리는 학창 시절 경제시간에 배운 '인플레'라는 것을 생각해 보아야 한다. 통화의 가치는 지속적으로 점진적으로 하락하게 되어 있다. 30년 전 자장면 한 그릇의 가격과 2017년 자장면 한 그릇의 가격의 차이를 생각하면 이해가 쉬울 것이다.

우리의 목표는 단순히 예금 잔고를 늘리는 것이 아니라 부자가 되는 것이다. 저금을 계속 계속 계속 할 수도 없지만, 계속 계속 계속 저금을 한다고 해도 부자가 될 수 없다면, 저금이 능사가 아니라는 결론이 나온다. 저금에 목매봐야 큰 의미가 없다는 것이다. 무언가 다른 방법을 강구해야만 한다.

부자들, 그들은 돈을 쓰는 사람들이다. 그들 중 누구도 저금으로 부자가 된 사람이 없다. 그들은 대차게 위험을 감수하고, 돈을 늘릴 만한 곳에 돈을 썼던 사람들이다. 생각해보면 나도 그런 사람들을 흉내 내고자 했던 것 같다. 없는 살림이었지만, 돈을 먼저 썼다. 내 돈이 아닌 남의 돈을 먼저 썼다. 그랬더니 자산이라는 것이 생기게 되었다. 작지만 내 이름으로 된 자산이 생긴 것이다.

아직도 성실히 모으고, 10원 한 장도 허투루 쓰지 않고, 알토란같이 저금을 하면 언젠간 부자가 될 것이라는 미신을 믿고 있는 사람이 있을는지는 모르겠다. 하지만 풍족한 생활을 위해서라면 저금이 그렇게 절대적인 것은 아니라고 말해주고 싶다.

그리고 지금 당장 은행 잔고가 얼마 없다고 푸념할 필요도 없다.

답은 저금이 아니라, 돈을 쓰는데 있다. 무언가 자산이 될 만한 것에 돈을 써야 하는 것이다. 우리는 돈을 써야 한다. 자산을 늘릴 만한 것이 무엇이 있는지 연구하고, 그쪽으로 돈을 써야 한다.

내가 성경처럼 읽는 책 중 하나인 랍비 셀소 쿠키어콘의 저서 《유대인이 대물림하는 부자의 공리》에 이런 글이 있다.

'세상에 가장 믿지 못할 사람은 돈을 주면 인생을 책임져주겠다는 사람이다.' -베이컨

이번엔 보험에 대한 이야기이다. 최근 내 지인은 보험 덕을 톡톡히 봤다고 자랑을 하고 다녔다. 치아보험, 암보험, 휴대폰 분실에 대한 보험 등등 꽤 많은 보험료를 매달 지불하고 있는 분이다. 정말 보험회사 덕을 톡톡히 본 것일까.

먼저, 보험이란 기본적으로 '내가 매달 보험회사에 조금씩 돈을 낼 테니, 나에게 불시에 목돈이 나갈 만한 일(위험)이 생기거든 보험회사는 도움을 주시오'라는 개념이다. 즉 보험에 가입함으로써, 적은 금액으로 갑자기 목돈이 들어갈 수도 있는 사태에 대비를 하는 것이다.

하지만 어떠한 회사든 상품의 값을 책정할 때 마진을 붙인다는 것을 상기할 필요가 있다. 예를 들어 어떤 사람이 5년 동안 매년

100만원의 보험료를 납입했다고 하자. 보험가입자가 어떠한 보험 상품에 가입하든, 보험회사는 상품에 가입한 손님들에게 지불할 보험금을 손님이 낸 500만원보다 적은 금액으로 책정해 놓았을 것이다. 왜냐하면 보험회사는 손님으로부터 보험계약에 대해 받은 돈 500만원으로 세금도 내야 하고, 직원들 인센티브도 챙겨줘야 하고, 전기 사용료도 납입해야 하고, 수도 사용료도 납입해야 하고, 회사의 마진까지 확보해야 하기 때문이다. 남는 것이 있어야 보험회사도 먹고살 것 아닌가.

이 말은 반대로 생각해보면 보험금을 탈 일(위험)이 생겼을 때, 그 비용에 해당하는 금액을 그냥 내 주머니에 있는 현금으로 내는 편이 보험회사에 내는 보험료 총 납입 금액보다 적게 든다는 것을 의미한다. 보험계약은 보험가입자 입장으로서는 꽤 손해인 것이다.

물론 어떠한 사고나 질병으로 인해 갑자기 너무나 큰돈이 필요할 때, 이를 지불하기 어려운 경우에는 유용할 수가 있다. 또한 자동차보험같이 법적으로 필요한 경우는 반드시 보험에 가입해야 한다. 하지만 일시불로 지불할 만큼 은행잔고(혹은 능력)가 있음에도 불구하고 보험가입을 하는 것은 분명 보험회사만 좋은 일이다.

그런데 우리는 일시불로 지불할 만큼의 은행잔고(혹은 능력)가 있는 경우에도, 필요 이상으로 보험가입을 한다. 예를 들면 휴대전화 분실보험 같은 것이 있다. 휴대전화를 분실하면 그냥 하나 사면 되는 것이다. 그런데도 사람들은 휴대전화 분실보험 등 무의미한 보험에 다달이 소액의 보험료이기 때문에 부담이 없다며 열심히 보험료를 납부하고 있다. 개탄스러울 따름이다.

심지어 보험 가입자들은 도중에 급전이 필요해서 보험계약을 해지하는 경우도 상당하다. 이러한 경우 절대적으로 보험회사의 승리라고 볼 수 있다. 이러한 경우 보험가입자들은 그들의 낸 보험료를 대부분 돌려받지 못하게 된다.

그리고 심지어 몇몇 사람들은 보험을 재테크의 한 방법으로 인식하기도 한다. 아마 몇 년 전 잠깐 유행을 탄 변액보험이 대표적인 예일 것이다. (변액연금보험은 납입보험료의 대부분을 펀드에 투자해 실적에 따라 노후연금을 받는 상품이다.) 하지만 금융소비자연맹이 공정거래위원회의 지원을 받아 조사해 발표한 '변액연금보험 비교정보'에 따르면, 변액연금보험 10개 가운데 9개는 지난 2002~2011년 10년간의 물가상승률인 3.19%에도 미치지 못했다는 결과를 발표했다. 사람들은 보장과 투자수익 두 마리 토끼를 잡는 좋은 상품이라고 생각했지만, 결과는 많은 사람들을 실망시키기에 충분했다.

게다가 보험회사가 망해서 없어지거나 다른 보험회사에 인수합병 당하게 된다면, 내가 그동안 열심히 낸 보험료에 대한 혜택도 불가피하게 일부 혹은 상당부분 변동이 생길 가능성도 배제할 수 없다.

'보험은 재테크 수단이 아니다'라는 사실을 알아야 한다. 보험은 위험을 대비하는 수단이지, 재테크의 도구로써는 큰 매력이 없다. 어중간하게 보험 재테크를 하느니, 차라리 그 돈을 아껴 제대로 된 투자 상품에 투자하여 진짜 재테크를 하는 것이 낫다.

《부의 잠언》에서 저자 리처드 템플러는 다음과 같이 보험에 대해 이야기했다.

'보험금을 타는 사람도 있지만 당신은 아니다. … 대부분의 사람이 자기가 낸 보험료의 3분의 2 이상을 가져가지 못한다.'

보험금을 타며 뿌듯함을 느끼는 사람이 되어서는 안 된다. 아파 누워 있으면서 보험금 덕을 톡톡히 봤다며 보람을 느끼는 인생을 살아서는 안 된다. 우리의 목표는 부동산 자산가이다. 그런 우리가 보험금이나 욕심내는 사람이 되어서는 안 된다. 세상에 어떤 자산가가 보험금 덕을 잘 보고 있다며 뿌듯해 하는가. 나는 그러한 자산가를 본 적도, 들은 적도 없다.

05

B급 부동산을 찾아라

'B급 상품 전성시대, 마이너상품 얇은 지갑을 유혹하다.'

최근에 인터넷을 하다가 본 CBSi 시사경제지의 글이었다. 이 글에서 내가 느낄 수 있었던 것은 그동안 우리 사회에 과시적인 소비풍토가 만연했다면, 이제는 좀 더 스마트한 소비풍토로 넘어가는 시대라는 느낌을 받았다.

여기서 'B급 상품'이란, 과다하게 재고가 많이 쌓여 있거나 유통기한이 임박해 있거나 혹은 물품에 약간의 스크래치 등이 있다는 이유로 소비자에게 정품보다 조금 저렴한 가격으로 파는 제품을 말한다. B급 상품들의 종류를 예로 들자면, 전시용 IT제품이나 유통기한이 얼마 남지 않은 식료품, 시즌 오프 의류 등이 있다.

이러한 B급 상품들이 인기가 생긴 이유는 단연 저렴한 가격이다. 게다가 대부분 품질이나 기능적으로 문제가 거의 없다는 점도 한몫한다. 또한 이 B급 상품들은 서민들의 얇은 지갑에 '절약했다'라는 심리적인 보상감도 선물한다.

소비자들의 변화된 소비태도도 주목할 만하다. 이제는 가성비와 합리적인 소비를 지향하는 소비자들이 늘면서 B급 상품 구매를 똑똑한 소비활동으로 인식하는 사회적인 분위기도 생겨났다. 즉, 요즘 제값을 다 주고 제품을 사는 것은 현명하지 않은 소비생활이라는 인식이 강해졌다는 것이다.

나는 20대에 하는 부동산 투자에 있어서, 이 B급 상품 개념을 빌려와 'B급 부동산'을 제시하고 싶다. 가능하다면 A급이 좋겠지만, 일단 A급 부동산은 저렴한 물건이 거의 없다. 더 정확하게 말하자면 평범한 20대가 수중의 돈으로 사기 어려운 부동산이라는 말이다. 그래서 처음은 괜찮은 B급을 노려야 한다. B급 부동산은 A급 부동산보다 경쟁률도 낮고 진입장벽이 낮은 금액 대이기 때문이다.

A급 부동산은 비싼 만큼 당연히 제값을 한다. 미국발 금융 위기 같은 대형 악재가 있을 때에도 잠시잠깐 가치 하락은 있을지언정 나중에는 본래의 가치(금액)으로 회복하기 때문이다.

하지만 A급 부동산은 부모님의 도움 없이 20대가 노릴 수 있을 만한 금액대가 아니기에, 혹은 경쟁률이 치열한 물건일 가능성이 다분하기에 B급 부동산을 찾아야 한다. 그리고 더 중요한 것은 B급 부동산을 좀 더 저렴하게 매입해야 한다는 것이다. B급 부동산은 말 그대로 B급인 만큼 부동산 경기가 얼 때에도 민감하다. A급 부동산의 가치 하락이 있을 때, B급 부동산은 가치 하락의 폭이 더 클 수도 있기 때문이다. 그래서 B급 부동산을 좀 더 저렴하게 매입해야 한다. 그리고 저렴하게 매입한 B급 부동산을 부동산경기가 좋을 때 좋은 값으로 되팔아 마진을 높이는 전략으로 나가야 한다.

B급 부동산을 조금이라도 저렴한 금액대로 찾기 위한 방법으로 경매나 급매가 좋다. 나는 급매보다는 경매를 이용했다. 우리 집 가풍이기도 했지만, 경매를 통해 집을 매입하는 것이 편하다.

우선 용어정리를 위해 '급매'라는 것은 말 그대로 급하게 매매하는 물건이라는 뜻이다. 집주인이 어떠한 사정에 의해 급하게 현금 확보를 해야 할 때에 갑자기 부동산을 파는데, 이러한 경우에는 파는 사람의 마음이 급하다보니 금액을 조금 저렴한 금액에 팔려고 하게 된다. 그래야 빨리 현금을 확보할 수 있다고 생각하기 때문이다.

사실 부동산이란 게 비싸다고 잘 안 팔리고, 저렴하다고 금방 매매가 되는 것은 아니지만 마음이 급한 쪽이 서두르다보니 사는 입장에서는 좀 더 저렴하게 살 수 있는 기회가 있다. 이때를 노려야 한다. 그리고 급매는 대부분 부동산중개사무소에서 공인중개사의 중개를 통해서 매입할 수 있다.

하지만 '경매'라는 것은 급매와는 달리 공인중개사사무소가 아닌 관청, 즉 법원을 통해서 집을 구매하는 개념으로 이해하면 된다. 경매에 나오는 물건은 여러 가지 이유가 있겠지만, 결국 돈 문제로 경매시장에 나오게 된다.

쉽게 말해, A라는 사람이 본인 소유의 집이 있는데 갑자기 돈이 필요하다면, 본인 소유의 부동산을 담보로 은행 같은 금융기관에서 돈을 빌릴 수가 있다. 그리고 매달 특정일에 은행에게 빌린 돈의 이자를 상환하게 되는데, 이 이자 내는 날에 통장에 돈이 없어서 은행이자가 몇 번이고 빠져나가지 않는다면(이자 상환이 되지 않는다면), 은행은 돈 빌린 사람의 부동산을 팔아서라도 본인들이 빌려준 돈을 회수하려고 하게 된다. 이때 법원에 "우리가 빌려준 돈을 A라는 사람이 안 갚아요. A라는 사람이 소유하고 있는 부동산을 팔아서 빌려준 내 돈을 회수해야겠어요"라는 제스처를 하게 된다. 이에, 법원은 이러한 요구가 정당하다고 판단되면, 'A라는 사람의 부동산 소유권을 다른 새로운 주인에게 줄 테니, 이 부동산이 마음에 드는 사람은 법원에 와서 사가시오'라는 공고를 내게 된다. 이를 부동산 경매라 한다. (이러한 경우가 부동산 경매의 대부분이다.) 이후, 새 주인이 나타나서 집값을 치르면, 은행은 못 받고 있던 돈을 이 새 주인으로부터 회수하게 되는 것이다. 이것이 경매에 대한 기본 골자이다.

경매의 장점은 여러 가지가 있겠지만 우선 경매에 나온 부동산에 대해 정보를 구하기가 편리하다는 것이다. 예를 들어 어떠한 부동산이 경매로 나오면 그와 관련된 각종 서류들(감정평가서, 등기부등본 등등)이 부동산 경매 사이트에 일요목연하게 정리되어 정보를 구하기가 쉽다. 이 정보들을 보고 제대로 판단하면 되는 것이다. 한마디로 직장인들이 부동산을 매입하기에 좀 더 편할 수 있다는 말이다.

또한 B급 부동산의 경우, 한 번에서 두 번 정도 유찰이 있을 수 있는데, 이게 또 매력이다. 유찰이란 한마디로 할인라고 생각하면 된다. 예를 들면 경매 공고가 났는데, 아무도 그 부동산에 대해서 낙찰받고 싶다고(그 부동산을 취득하고 싶다고) 법원에 오는 사람이 없는 경우이다. 이러한 경우를 유찰이라 한다.

이러한 경우는 대개 최초로 공고가 난 때의 부동산 경매 금액이 그리 메리트가 없는 경우일 수가 있다. 그래서 법원은 20~30% 정도 금액을 낮게 조정하여(할인하여) 다시 경매 공고를 한다. 우리는 최소 한 번 이상 유찰이 된 물건에 대해 입찰에 들어가야 한다. 그래야 나중에 양도 시에(부동산을 되팔 때) 마진을 높일 수 있다. 나 역시 내 소유 부동산 모두 유찰이 된 물건들을 낙찰받았다.

물론 때에 따라서는 유찰 없이 단번에 낙찰되는 부동산들도 있다. 그러한 부동산들은 꽤나 A급 부동산이거나, 아니면 어떠한 사연이 있는 부동산이거나, 아니면 현재 부동산 시장이이 너무 활황일 가능성이 높다. 또 제값 다주고 사도 억울하지 않는 물건이라는 뜻이 될 수도 있다. 하지만 우리는 그런 것을 노리면 안 된다.

다시 말하지만 우리는 진입장벽이 낮은 물건을 저렴하게 사서, 혹여 나중에 부동산 경기가 얼더라도 그 가치가 하락되는 폭이 적게끔 해야 한다.

그리고 경매는 부동산 경기가 좋지 않을 때, 혹은 매년 초가 경쟁도 덜 치열하고 금액적인 부분에 있어서도 유리할 수 있다. 부동산 경기가 너무 활황일 때에는 아무리 B급 부동산이라 할지라도 경매로 저렴한 금액에 살 수 없기 때문이다.

부동산이 너무 활황이면 유찰도 잘 안되는데 이럴 때에는 차라리

휴식기를 가지는 것도 좋다. 이런 때에는 부동산을 구입하더라도 그만큼 마진이 적어질 수 있기 때문이다. 중요한 것은 '마진'이다.

06

종잣돈 모으려 하지 마라

'종잣돈은 부자가 되기 위한 첫 번째 관문이며 통과의례이다.'

얼마 전 인터넷에서 보게 된 글이다. 은행이나 보험이나 대부분 금융기관들은 사회초년생들에게 어서 종잣돈을 모으시라며, 그래야 부자가 될 수 있다며 각종 상품들을 쏟아내고 있다.

직장에 취직하고 매달 받는 월급으로 적금을 드는 것은 정말 중요하다. 하지만 때때로 생각지도 못한 돈이 나갈 때가 많다. 이를 테면 가족이 아파서 그동안 모아온 돈을 다 쓴다던지, 공부를 하기 위해 그동안 모은 돈을 쓰게 된다던지, 아니면 창업을 위해 특허권 등을 마련하기 위해 그동안 모아온 돈을 다 쓰게 된다던지 등등. 정말이지 돈이 나가야 되는 이유와 명분은 많다. 그러다보니 대부분 평범한 사람들은 늘 통장에 돈이 부족하다.

이런 이유로 많은 직장인들은 사치하지 않고, 정말 성실히 살고 있음에도 불구하고 종잣돈 모으길 힘들어한다. 종잣돈 모으기가 힘들다보니 투자는 감히 생각도 못한다. 그리고 많은 직장인들이 다음과 같이 생각한다.

"종잣돈도 없는데 투자는 무슨."

그리고는 어디론가 사라진 돈들을 만회하기 위해 다시 돈을 모은다. 다람쥐쳇바퀴 돌듯이 돈을 모으고, 또 돈이 없어지고, 또 돈을 모으고 없어지길 반복한다. 모든 이들이 그렇지는 않지만 대부분 이렇게 생활하고 있다.

그리고는 '투자'라는 단어와는 멀어진다. 그리고 이윽고 '부자'라는 존재는 나와는 다른 존재라고 받아들이며, 그저 평범하게 월요병을 맞이하고, 점심시간을 맛있게 즐기고, 야근을 하고, 주말에 잠을 몰아 자며 지내고 있다.

하지만 이렇게 포기해버려서는 안 된다. 앞에서도 몇 번 말했지만, 무엇보다 '의지'가 가장 중요하다. 나 역시도 부득이하게 어떠한 사정으로, 의지와는 상관없이 나의 소중한 종잣돈과 잦은 이별을 했다. 그러나 부자가 되겠다는 열망을 놓아버리진 않았다.

극단적으로 보일 수도 있지만, 한때 종잣돈이 부족해서 거의

100% 타인자본으로, 즉 은행돈을 써서 집을 산 적도 있다. (참고로, 투기라고 말하기에는 너무나 소액임을 밝혀 둔다.) 예전에 마음에 드는 부동산 물건이 경매에 나왔었는데, 경매에 참가할 돈(매매가의 약 10%)이 없던 적이 있었다. 물론 다음 달에 월급이 나오니까 며칠만 있으면 그 돈 정도는 마련할 수 있었지만, 경매 진행일은 월급일보다 한참이나 빠른 날이었다.

그래서 나는 은행에서 나의 신용을 담보로 대출을 일으켜, 경매에 참가할 돈 10%를 빌렸다. (직장인의 장점인 것 같다. 신용으로 담보대출을 일으켜 활용할 수 있는 점은 확실히 직장생활의 매력이다. 참고로 되도록이면 2금융권 이하 금융기관에서 돈을 빌려서는 안 된다. 신용도의 하락을 불러올 수가 있다. 귀찮더라도 1금융권 은행에서 요구하는 각종 서류를 열심히 떼다가 은행에 전달하고 1금융권에서 돈을 빌려야 한다.) 그리고 경매 당일 휴가를 내어 경매에 참가했고, 성공적으로 낙찰받았다. 이후 주택을 담보로 낙찰금액의 90% 대출을 일으켜 잔금을 치렀다. (보통은 80% 전후로 대출을 받지만 감사하게도 그 집은 90%까지 대출이 가능했다.)

그리고 신용담보대출로 받은 돈은 몇 달 동안 열심히 월급으로 원리금을 갚아나갔다. 이후 월세를 놓아 세입자로부터 받은 보증금으로 신용담보대출 금액을 전액 상환했다. 그리고 간혹 회사에서 보너스를 받거나 갑자기 돈이 생기거나 하면, 단돈 몇 백만 원이라 할지라도 주택담보대출금 상환을 제1과제로 삼고 은행에 방문해 바로바로 상환을 했다. 나의 이런 모습을 보며 은행 직원들은 신기해했다.

"나중에 세입자와 월세계약이 만료되면 보증금은 어떻게 돌려주나요?"라는 분들이 더러 있는데 문제될 것 없다. 월세 계약이 만료되기 전에 몇 달 전 세입자와 집주인은 월세계약을 연장할지 어떻게 할지 논의를 하는데, 이때 세입자가 월세계약을 연장하지 않겠다고 하면 부동산중개사무소에 월세를 놓아달라고 요청하면 된다. 그렇게 새로운 월세 세입자가 구해지면, 그 월세 세입자로부터 보증금을 받아 기존 세입자에게 전달하면 된다.

나는 이렇게 부동산을 사들였다. 나도 그 당시 종잣돈이 없었다. 그러나 투자했다. 그리고 작지만 알찬 성공을 했다. 그러니 부디 종잣돈을 못 모았다는 죄책감에 사로잡혀 모든 것을 포기해버리지 말기 바란다.

감히 말한다. 우리가 목표로 하는 집을 갖기 위해서 종잣돈은 그렇게 절대적으로 중요하지 않다. 우리가 지금 사려고 기를 쓰고 있는 부동산은 절대 부촌의 고급주택이 아니기에 가능한 일이다. 하지만 돈을 모으겠다는 정신은 정말 중요하다. 어쩌면 이 책을 읽고 있는 분들 중에는 다행이도 종잣돈을 잘 모아둔 알뜰살뜰한 분들도 더러 있을 것이다.

나는 오히려 종잣돈을 열심히 모아본 사람만이 투자에 능한 경우를 많이 보아왔다. 그들은 맛있는 음식과 좋은 옷을 멀리하며, 금욕으로 세월을 살아본 사람들이다. 그들은 인내를 아는 사람들이다. 다만 부득이하게 어떠한 사정으로 인해 종잣돈을 날린 사람들이 있을 뿐이다. 나는 그런 그들이 좌절하지 않기 바라며, 종잣돈만 모으기를 반복하는 종잣돈 머신이 되지 않기 바란다.

아울러 다시 한 번 더 강조하지만 이 책은 투기를 조장하는 책이 아니다. 정확한 비전이 있고, 확신이 있음에도 불구하고, 당장 종잣돈(현금)이 없다는 이유로 내 집 한 칸 갖고 싶다는 마음을 사치로 착각하고 푸념하는 사람들에게 조금 더 용기를 주고 싶은 마음에 쓰고 있는 책임을 밝혀둔다.

얼마 전 읽은《꿈을 도둑맞은 사람들에게》라는 책이 있다.《영혼을 위한 닭고기 수프》의 작가인 잭 캔필드와 마크 빅터 한센의 공동 저서인 이 책에는 이러한 글이 있다.

'부를 좇아라. 그러면 필요한 것은 저절로 해결된다.'

우리가 가져야 할 마음가짐은 '종잣돈이 모든 것을 가능케 해주리라'라는 환상이 아니라, 진정으로 부를 좇는 마음가짐이다. 그러한 마음이 있을 때 우리가 바라는 내 집도 만날 수 있을 것이며, 그 집을 살 수 있도록 도움을 주는 지원군도 만나게 될 것이다. 지금 당장 수중의 돈은 절대적으로 중요하지 않다. 부를 좇으면 필요한 것은 저절로 해결된다는 마음가짐이 먼저이다. 이것은 내가 모두 경험한 바이다.

07

공인중개사들과 친해져라

나는 사회초년생 시절을 부동산중개사무소에서 지냈다. 그러다 보니 부동산중개사무소의 문을 열고, 문턱을 넘는 것은 내 방문을 여는 것과 같이 자연스러웠다. 지금까지도 부동산중개사무소를 방문하는 것은 나에게 조금도 어색함이 없는 행동이다.

그러나 많은 사람들은 부동산중개사무소 방문하는 것을 어려워하거나 부담스러워하는 것 같다. 특히 젊은 층은 더더욱 그러한 것 같다. 가까운 내 또래 친구들만 보아도 그랬다. 부동산중개사무소에 들어가 무언가 물어보고 싶어도, 부동산중개사무소 문 밖에서 쭈뼛쭈뼛하며 투명유리문 너머로 보이는 사무실 내부인테리어나 구경하다가 "다음에 물어보지 뭐" 라며 돌아가곤 하는 것을 보았다. 호랑이를 잡으려거든 호랑이 굴에 들어가야 하는데, 이래서는 소액 투자자는커녕 나노투자자도 될 자격이 없다.

나는 부동산 투자를 하고 싶다는 20대 젊은 친구들에게 묻고 싶다. 부동산중개사무소의 명함을 몇 장이나 가지고 있는지. 혹은 부동산중개사무소의 연락처는 몇 개나 저장되어 있는지. 아마도 몇 없는 부동산중개사무소의 명함도 어디 갔는지 행방이 묘연할 것이다.

나는 그들에게 "지금 당장 사고 싶은 집이 있는 동네의 부동산중개사무소를 모두 다 방문해서 명함을 받아오십시오. 그리고 문구점에 가서 큰 명함집을 사서 그 명함들을 모두 꽂아 넣으십시오"라고 말해주고 싶다.

그 이유는 그 집에 대해, 우주에서 가장 잘 아는 집단은 단연 그 동네 부동산중개사무소 사람들이기 때문이다. 그들은 그 집의 금액 혹은 역사는 물론이거니와 그 동네의 최신 이슈, 트렌드까지 줄줄 꿰고 있는 사람들이다. 그들은 어쩌면, 당신이 생각했던 그 집보다 더 저렴한 금액으로 더 좋은 집을 안내해 줄 수도 있는 사람들이다.

물론 부동산의 실거래가나 호가는 인터넷에서 모두 조회할 수 있다. (부동산 실거래가 조회: 국토교통부 실거래가 사이트 http://rt.molit.go.kr) 또 아파트의 경우, 호가는 웬만한 부동산포털사이트나 국민은행 아파트시세조회 사이트 등을 통해서 알 수 있다.

그럼에도 불구하고 부동산중개사무소의 명함을 모으라고 주문하고 싶은 이유는 결국 모든 일은 사람이 하기 때문이다. 사람과 사람이 만나야 그 동네가 어떠한 분위기로 흘러가는지 개념을 잡을 수 있고, 그래야 나중에 그 집을 진짜 사던지 팔던지가 가능하기 때문이다. 특히나 매매의 경우, 대부분 부동산중개사무소에서 이루어지기 때문이다.

나 역시 경매로 집을 살 때 경매물건으로 나온 집이 마음에 든다 싶으면, 직접 그 동네에 가서 그 집도 구경하고, 그 동네 부동산이란 부동산은 모두 들어가 명함을 받아왔다. 주택의 경우, 주택 부문을 전담하고 있는 공인중개사 실장의 명함을 꼭 받아왔다. 그리고는 집에 와서 모두 명함집에 넣어놓았다. 그리고 휴대전화에 전화번호를 모두 저장했다.

그리고 문이 닫힌 부동산의 경우, 휴대전화 카메라로 부동산중개사무소의 전화번호를 찍어서 저장했다. 그리고 문이 열린 부동산에는 직접 들어가서 그 동네에 대해서 이것저것 물어보았다. 사전에 미리 그 동네 집값이나 요즘 이슈에 대해서도 공부해 갔는데, 내가 알고 있는 정보가 맞는지 물어보곤 했다. 내가 동안이기도 하고, 나이가 어리다보니 부동산중개사무소 실장님들은 나를 수상해

하거나 하지 않으시고, 스스럼없이 그 동네에 대해서 잘 알려주시곤 했다. 이런 경우를 보면 나이가 어리다는 것은 좋은 무기인 것 같다.

혹여 무시하고 대충 대꾸해 주려는 부동산중개사무소 직원들도 있지만 그다지 문제가 되진 않는다. 오히려 더 내가 웃는 얼굴로 상냥하게 다가가 추가로 이것저것 캐묻곤 했다. 그러면 결국 그들도 마음을 열고 대답해주게 된다.

그리고 한 가지 더 당부하고 싶다. 단순히 부동산중개사무소 명함만 수집하라는 게 아니라, 한 발 더 나아가 부동산중개사무소 사장님과 친해져보자. 능력 있고 실력 있는 부동산중개사무소 사장님을 알고 있다면 도깨비의 요술방망이를 가진 것과 같다. 그 부동산중개사무소 사장님은 당신에게 꽤 괜찮은 정보를 알려줄 수 있는 사람이 될 것이다. 그들은 당신이 접근하기 어려운 정보를 수많은 손님들로부터 계속 받는 사람이다. 그리고 그러한 정보를 다른 손님에게 전달해 손님의 부를 창출하는 사람이다.

내가 이렇게 말하면, 아마추어적인 발상을 가지고 있는 사람들은 이렇게 생각할 수 있다.

'그렇게 좋은 정보의 부동산이면 자기가 사겠지.'

맞는 말이다. 일부 부동산중개사무소 사장님들은 그들의 개인 부동산 자산도 상당하다. 부동산중개사무소를 열고 있기만 해도 좋은 물건들이 부동산중개사무소 사장님에게 찾아오기 때문이다. 특히 목이 좋은 위치에 있는 부동산중개사무소 사장님이라면 더 말할 것도 없다.

부동산중개사무소에 근무하다 보면 참 신기하게도 일명 '눈 먼 부동산' 매물들이 나온다. 예를 들면, 가격이 급등하는 추세인데 그런 경향을 모르는 외국에서 살고 있는 집주인이 요새 부동산 금액에 맞지 않게 옛날의 저렴한 금액으로 부동산중개사무소에 매매를 부탁한다던지, 아니면 경매로 넘어가기 전에 울며 겨자 먹기로 부동산을 빨리 처분해버리고자 하는 사연이 복잡한 경우라던지, 여러 경우가 있다. 이러한 급매물들을 부동산중개사무소 사장님들은 알아본다. 이때 자금의 여유가 있으면 직접 부동산을 사들이기도 한다.

하지만 부동산중개사무소 사장님들도 무한정 돈이 솟아나는 화수분(재물이 계속 나오는 보물단지)을 가지고 있지는 않다. 좋은 매물들이 계속 부동산중개사무소 사장님들에게 들어와도 좋은 물건인 줄 알지만 당장 동원할 자금이 없는 경우, 이들은 자신의 친한 지인 혹은 자신과 특별하게 친한 고객에게 이러이러한 좋은 물건이 나왔다고 소개를 해준다. 이는 바로 우리가 부동산중개사무소 사장님과 친해져야 하는 이유이다.

당장 나이가 많은 부동산중개사무소 사장님과 친해지기가 어렵다면 그 부동산의 한 직원과 먼저 친해지는 것도 좋다. 그리고 본인을 어필해보자. 나는 이러이러한 부동산을 꼭 사고 싶다고 어필하는 것이다. 20대들은 부끄러워서 처음부터 이렇게 하는 것이 무척 쑥스러울 것이다. 하지만 해야 한다. 내가 돈이 트럼프처럼 많지는 않지만 꼭 이러이러한 물건을 꼭 사고 싶다고, 반짝이는 진심 어린 눈빛을 발사하며 본인을 어필하라. 그러면 그들도 당신을 달리 보게 될 것이다. 그리고 당신에게 좋은 정보를 알려줄 것이다. 그러다 보면 세대를 초월해서 나아가 친구가 될 수 있다.

내가 중국어를 배울 때 이런 글을 배운 적이 있다.

先做朋友 後做生意.

'먼저 친구가 된 후 사업을 한다'라는 뜻이다. 부동산 투자에 있어서도 이 말은 유효하다.

나의 큰아버지는 서울에서 부동산을 운영하는 중개인이셨다. 한번은 이런 말씀을 하신 적이 있다.

"나는 이 동네 어느 집에 수저가 몇 개있는지 다 알아."

우스갯소리처럼 하는 말씀이었지만 어린 나에게는 상당히 인상 깊었던 말이었다.

이렇듯 부동산중개사무소는 많은 정보를 다룬다. 단순히 어느 집의 수저가 몇 개있는지 뿐만 아니라, 어떠한 재개발 이슈들이 있는지, 요새 이 동네의 전세, 매매 경향은 어떠한지 등등 정말 많은 정보를 다룬다. 그리고 부동산중개사무소의 공인중개사가 매일 접하는 정보는 그들이 만나는 고객들의 수익으로 그대로 이어진다.

나는 이 책을 보고 있는 야심만만한 20대들에게 이렇게 말해주고 싶다.

"당신이 만나는 공인중개사들의 명함을 소중히 모으시기 바랍니다. 그리고 휴대전화에 꼭 저장하시기 바랍니다. 그들이 가지고 있는 정보는 당신에게 돈이 될 수 있는 정보들입니다. 공인중개사의 명함은 당신을 부의 세계로 인도하는 티켓과 같습니다."

08

무조건 1금융권을 상대하라

부동산에 투자할 때 내 돈만 가지고 투자하는 경우가 드물다는 것은 누구나 다 알법한 이야기이다. 부동산 투자는 소위 레버리지라는 것을 일으켜 내가 가진 돈보다 더 큰 규모의 부동산을 매입하고, 수익의 파이를 키우는 것이라고 배워왔을 것이다. 맞는 말이다.

그러나 사실 나는 '무차입경영(부채 없이 경영)'처럼 빚을 내지 않는 투자가 제일 이상적이라고 생각한다. 하지만 돈이 많지 않는 사람이 돈을 벌기 위해서는 남의 돈을 끌어다가 투자하는 방법 외에는 뾰족한 수가 없다. 빚을 권하는 사회는 절대 좋은 사회가 아니지만, 독한 마음을 먹고 무언가 이루어내겠다고 생각을 했다면 빚을 두려워해서는 안 된다.

다음은 20대들이 부동산 투자를 위한 대출에 대해 가져야 할 마음가짐이다.

1. 대출을 받을 때 대출금이 나의 어깨를 짓눌러서는 안 된다.

어깨를 짓누르는 빚은 지면 안 된다. 심적으로 '빚'에 져서는 안 된다. 즉, 대출금이 나의 마음을 짓누를 만큼 너무 커 보이면, 그 대출은 받으면 안 되는 것임을 명심하자.

2. 나의 대출금은 내가 아닌 누군가가 갚아주는 돈이어야 한다.

적어도 투자가라면, 대출금을 나의 노동으로 갚는 돈이라고 인식해서는 안 된다는 뜻이다. 냉정하게 들릴지 모르겠지만, 나의 대출금은 임차인(세입자)이 갚아주는 것이다. 즉, 임대료(월세)에서 안정적으로 충당되어야 한다는 말이다.

3. 남의 돈이 얼마나 무서운 돈인지 인지하고 있어야 한다.

단순히 '뭐, 부동산은 대출 끼고 사는 거지'라는 일차원적인 생각을 해서는 안 된다. 남의 돈(타인자본)에는 '상환일'이라는 것이 있고, '이자'라는 것이 있다. 이 2가지는 무슨 수를 써서든 지켜야 한다. 신용은 재산이다. 신용을 잃는 순간 모든 것은 물거품이 된다.

그렇다면 레버리지를 일으키기 위해 돈을 빌릴 수 있는 곳은 어디일까. 여러 곳이 있겠지만, 제일 먼저 은행이 있을 것이고, 그 외에 저축은행, 보험, 캐피탈업체, 사채 등등이 있을 것이다. 간단히 다음과 같이 요약해볼 수 있다.

- **제1금융권** 일반은행, 지방은행, 특수은행
- **제2금융권** 증권회사, 보험회사, 저축은행, 새마을금고, 투자신탁회사, 종합금융회사, 신용협동조합
- **제3금융권** 대부업체, 사채업체

내가 아는 지인은 캐피탈업체(제2금융권)에 근무한다. 그녀가 말하기를 요즘 부동산 경기가 좋은지, 캐피탈업체에서 대출을 받아 집을 사는 사람들이 많다고 한다. 캐피탈업체의 이자는 1금융권보다 대부분 높은 것이 사실이다.

투자를 위해서 일정 부분 위험을 감수하는 것은 당연하다고 생각하지만, 수억 원대의 부동산을 사기 위해서 캐피탈업체에서 돈을 빌린다는 것은 내 상식으로는 이해하기에는 어려웠다. 얼마나 강한 확신을 가지고 하는 투자인지는 모르겠지만, 솔직히 걱정이 앞선다고밖에는 말할 수 없었다.

특히 제3금융권의 사채는 최악의 경우이다. 사채는 살인적인 이

자로 유명하다. 내가 예전에 읽었던 《빌라 투자로 100억 부자 된 청소부》(저자 채익종)에는 다음과 같은 글이 있다.

"사채는 절대 쓰지 마라."

저자인 채익종 대표는 중구청 청소 공무원에서 빌라 투자로 성공한 사업가인데, 이 책에는 그가 가난하고 암울했던 젊은 시절 방황기부터 부동산 투자로 상당한 성과를 내기까지의 과정이 고스란히 담겨 있다. 한때 사채업에 근무한 직원으로서 사채는 절대 쓰지 말아야 할 돈이라고 경고하고 있었다.

얼마 전 열린창업지원 SNS에서 재미있는 짧은 만화를 본 적이 있다. 제목은 '대부업체가 30일 무이자 하는 진짜 이유'라는 만화였다. 만화 주인공들의 대화는 다음과 같았다.

"30일간 무이자대출 이런 거 왜 하는지 알아?"

"신용등급을 떨어뜨리기 위해서야. 1금융권에서 빌리고 싶어도 자기네(대부업체)에서만 빌릴 수 있게 만들려고 그러는 거지."

이 간략한 만화를 설명해보자면, 3금융권을 이용했을 때 다음과 같은 4단계의 상황에 직면하게 된다.

• **1단계** 보통 사람들은 대부업체의 30일 무이자대출 광고를 보고

'30일 안에 빌린 돈을 갚으면 문제없겠구나'라고 단순히 생각하고, 갑자기 돈이 필요한 때에 3금융권을 찾아간다.

- **2단계** 3금융권을 이용하는 것만으로도 신용이 하락하고, 연체라도 하면 신용등급이 빠르게 떨어진다. 하지만 많은 사람들은 이 사실을 잘 모른다.
- **3단계** 어느 날 1금융권이나 2금융권을 방문하여 대출을 받고자 했을 때, 3금융권에서 대출을 받은 이력 등으로 인해 신용등급이 많이 낮아져, 비교적 낮은 금리의 1, 2금융권 대출에 제약을 받는 상황이 생긴다.
- **4단계** 극단적으로, 이제는 높은 이자를 지불해야 하는 3금융권 외에는 대출을 받을 수 있는 곳이 없는 상황이 펼쳐지게 되는 것이다.

그렇다. 3금융권의 사채 등은 물론이거니와, 2금융권도 대부분 1금융권보다는 이자가 높은 편이다. 3금융권을 이용하는 경우에는 때에 따라 급격한 신용점수 하락을 가져올 수도 있다. 신용등급 하락 등 다른 것들은 차치하고, 우선 이자가 높다는 것은 그만큼 투자수익이 줄어듦을 뜻한다. 우리는 남의 돈을 빌려와서 투자를 해야 하고, 내가 얻는 투자수익에서 일정 금액을 떼어 대출기관에 이자로 납부해야 한다.

이자가 높다면 나의 투자수익은 그만큼 줄어들고, 이자가 낮다면 나의 투자수익은 그만큼 높아지게 된다. 최대한 우리의 수익을 높이기 위해 반드시 낮은 금리의 금융기관에서 돈을 빌려와야 한다는 뜻이다. 결론은 1금융권에서 대출을 받아서 투자해야 한다는 것이다.

물론 1금융권 은행에서 돈을 빌리기 위해서는 이것저것 관청에서 발급받아와야 하는 서류도 많고, 복잡한 것들도 너무 많다. 이뿐인가. 은행에 직접 방문해서, 은행에서 주는 어마어마한 서류뭉치에 유명인의 사인회를 방불케 하는 본인 서명을 팔이 떨어지도록 해야 한다. 그럼에도 불구하고 1금융권은 보다 안전하고, 이자가 다른 금융기관들보다 좀 더 저렴한 장점이 있기에 우리는 이를 포기해서는 안 된다.

우리는 무조건 1금융권을 이용해야 한다. 많은 사람들이 자신이 1금융권에서 돈을 빌릴 수 있을지에 대해 의문을 갖는다. 나 역시 그랬다. 고용이 불안정한 이 시대에 많은 젊은이들이 계약직으로 입사를 한다. 나 역시 '내가 1금융권에서 돈을 빌릴 수 있을까'라는 생각을 한 적이 있었다. 하지만 가능했다. 대단한 신용평가점수는 없었지만 내가 부동산을 경매로 낙찰받은 사람이었기 때문에 가능했다. (참고로, 보통 사람들이 생각하는 것만큼 1금융권에서 대출을 받는 것이 어렵다거나 하지 않다. 특히 당신이 부동산을 가지고 있다면.)

그리고 부끄럽지만, 이 책을 빌려 당시 일개 평범한 계약직 직원으로 보였을 나를 믿고, 대출을 해주신 N모 은행의 최재신 지점장님과 S모 은행 진기영 부지점장님에게 진심으로 감사의 인사를 드리고 싶다. 다소 낯부끄러운 인사이지만 언젠가 "나를 믿어주셔서 감사합니다. 덕분에 여기까지 왔습니다"라고 말씀드리고 싶다.

09

소형주택에 투자하라

부동산 뉴스, 각종 포털 사이트, 부동산 재테크 책을 보면 모두 다 같이 짠 듯이 소형 부동산에 투자하라고 찬양일색이다. 그리고 소형 부동산을 사야 하는 이유를 알기 쉽고 예쁘게 조목조목 정리를 해놓는다. 주요 소형 부동산 종류와 투자해야 하는 이유는 다음과 같다고 한다.

- **소형 오피스텔에 투자** 청약통장이 필요 없고, 인구절벽이라고는 하지만 1인 가구의 증가에 따라 대체로 공실 위험이 낮다고 예상.
- **전세가 들어 있는 소형 아파트에 투자** 매매가와 전세가가 비슷한 아파트 중에 전세가 들어 있는 아파트를 골라서, 전세가를 뺀 나머지 정도의 금액만으로 그 아파트를 매입할 수 있는 장점이 있음.

- **미분양 소형 아파트에 투자** 미분양 아파트는 집을 지은 건설사 입장에서 보면 재고상품이기 때문에, 빨리 분양을 하고자 분양가 인하 혹은 대출 등에 있어서 혜택을 부여. 대체로 저렴하게 부동산을 투자하기에 좋은 장점이 있음.
- **급매 소형 아파트에 투자** 매도자의 어떠한 사정으로 인해 시장에서 빨리 팔려야 하는 부동산 물건이므로, 대체로 시세보다 저렴할 수 있음.
- **경매 낙찰로 소형 부동산에 투자** 부동산 경매에 나온 물건들은 대부분 시세보다 저렴하게 취득할 가능성이 있음.
- **리츠 투자** 한마디로 펀드인데, 부동산이나 부동산 관련 대출에 투자하여 발생 수익을 투자자에게 배분하는 것. 대부분 몇 백만 원으로도 부동산에 투자할 수 있는 장점이 있음.

소형 부동산은 1인 가구가 늘어나는 작금의 상황에 맞는 투자이다. 게다가 그동안 매매가 상승률도 상당했다. 그런데 정말 솔직히 말해보자. 상업용 고층빌딩의 매매가가 오를 때 소형주택의 매매가는 얼마나 오를까. 정말 많은 돈을 벌 수 있게 하는 것은 소형 부동산이 아니다. 그런데도 왜 다들 소형 부동산 타령일까.

나는 감히 단언한다. 소형 부동산에 투자해야 하는 진짜 이유는 1인 가구의 증가 등의 그럴 듯한 이유가 있는 것이 아니라, 우리 대부분이 당장 자금 여력이 많지 않은 '서민'이기 때문이다. 1%가 아닌 99%의 대다수 서민들이 투자할 수 있는 종목이 소형 부동산이기 때문에, 언론은 99%가 집중할 수 있는 소형 부동산을 그렇게 많이 언급하는 것이다.

그렇다면 서민이 투자하기 좋은 부동산이란 무엇일까. 우선은 소액으로 투자가 가능해야 한다. 토지 투자나 상가 투자, 혹은 지분 투자 등도 잘 찾아보면 소액 투자가 가능하긴 하지만, 일단은 가장 무난하고 만만한 것은 단연 주택이다. 게다가 주택의 장점 중 하나는 여차하면 내가 들어가 살 수도 있는, 리스크가 적은 부동산이다. 사실 이런 식의 마인드는 투자자의 마인드로서는 경계해야 할 부분이다. 그럼에도 불구하고, 직접 거주가 가능하다는 점은 부인할 수 없는 주택의 장점이다.

아울러 정부는 많은 사람들이 주택 마련에 대해 늘 갈증을 느끼는 것을 잘 알고 있다. 그리고 '국민의 주거안정'이라는 큰 목표를 위해 때로는 세금혜택과 정부의 각종 지원을, 때로는 부동산 투기 억제책을 내놓으며 끊임없이 시장을 모니터링하고 컨트롤한다. 우리는 정부의 부동산 정책을 잘 살펴서 이러한 장점을 누려야 한다.

이러한 다양한 이유로 나의 첫 부동산도 주택이었다. 그리고 '주택'이란 부동산을 매입함에 있어 가장 저렴하게 살 수 있는 방법으로 경매를 택했다. 물론 당시 운도 따랐다. 나는 운이나 느낌을 중요하게 생각하는데, 당시 뭔가 이 집은 내 소유가 될 것만 같은 강한 느낌이 들었다. 그리고 무언가에 홀린 것처럼, 해당 부동산에 대해 탈탈 털듯이 관련 자료를 연구했고, 경매에 입찰했다. 그리고 낙찰을 받았다.

나는 사이토 히토리 작가의 팬이다. 사이토 히토리는 일본 개인 납세 연속 랭킹 1위를 달성했던 일본 최고의 부자이자 작가이다. 그의 여러 저서 중 《부자의 운》이라는 책을 읽은 적이 있다. 이 책에 이런 구절이 있다.

'운의 힘은 셉니다. 실력보다 더 셉니다. 왜냐면 실력은 인간의 힘이지만, 운은 하늘의 힘이기 때문이죠.'

''운이 좋다'고 말하는 사람이 진짜 운 좋은 사람입니다.'

그는 '운이 좋다'라고 자주 말하면 운이 좋아진다고 주장한다. 어쩌면 다소 어이없는 발상이라고 혹자는 비난할지 모르겠지만, 나는 그의 주장을 그대로 따랐다. 그리고 그의 주장은 나에게 유효했다. 나는 그의 말이 무언가 내 마음에 와 닿았다. 그리고 그의 가르침대로 행했다.

'영감이 떠오르면 그 영감을 믿고, 행동에 옮겨야 합니다.'

– 잭 캔필드

괴짜부자로 유명한 사이토 히토리의 글과 《영혼을 위한 닭고기

스프》의 저자 잭 캔필드의 말로 나는 많은 용기를 얻었다.

진심으로 그들의 말을 믿었다. 아니, 믿었다는 표현보다 내 마음속 깊이 새겼다. (나는 믿는다는 표현을 별로 좋아하지 않는다. 믿는다는 표현은 마음속 가장 깊은 곳 불신이 있지만, 억지로 덮어둔다는 느낌이 들기 때문이다.) 그리고 행동했다.

내 집 마련에 대한 욕구는 늘 많은 이들의 관심사이다. 그럼에도 불구하고, 많은 사람들은 소형 부동산이든 대형 부동산이든 결국 "돈이 있어야 투자를 하지"라고 자신의 현실을 푸념한다. 이런 이들에게 해주고 싶은 이야기가 있다.

10대 시절, 전직 전남대 교수이자 서예가인 문안(問雁, '기러기에게 물어보라'라는 뜻의 그녀의 호(號)) 선생님을 알게 되었다. 그녀의 서예작품은 정말 그야말로 예술이었다. 실로 명필이었던 분이었다. 나를 귀엽게 보신 덕분에, 나는 감사히도 그녀의 멋진 서예 작품을 많이 선물 받을 수 있었다.

학자였던 그녀는 나에게 좋은 조언도 많이 해주셨는데, 그녀가 해주시던 말씀 중에 '일체유심조(一切唯心造)'라는 말이 있다. '모든 것은 마음에서 만든다'라는 뜻이다. 어릴 때는 '그래 뭐, 좋은 말이지' 정도로만 생각했다.

하지만 '일체유심조' 이 다섯 글자는 버라이어티했던 나의 20대 시절, 부동산이란 물건에 대해 겁 없이 덤빌 수 있게 용기를 주었다. 한 달에 돈 100만 원을 겨우 벌던, 한 달 한 달 빚을 갚기에 바쁘던, 우울증에 걸린 일개 말단 사원이 부동산 3채 소유를 가능하게 해 준 믿음은 일체유심조, '세상사 모든 일은 마음먹기에 달려 있다'라는 말이었다.

나는 부동산을 이렇게 정의하고 싶다. 부동산은 '용기'이다. '용기를 내는 것'이다. 소형부동산이든 대형부동산이든, 수중에 돈이 많든 적든, 부동산에 대해 지식이 많고 적고는 차후의 문제이다.

10

작은 일로 일희일비하지 마라

세상 모든 일이 그러하듯, 부동산과 관련된 일에도 희로애락이 있다. 기쁘고 마냥 좋은 월세입금문자 소리 외에도 피곤한 일들이 더러 있다. 사소하게는, 소유하고 있는 집의 곰팡이가 생겨서 하루 종일 땀을 뻘뻘 흘리며 곰팡이 제거를 하고 비싼 페인트를 사다가 페인트칠을 열심히 한 적도 있었고, 같은 건물에 지내는 사람들과의 마찰도 있었다. 다른 사람이 잘되는 것을 못 보는 이웃의 질투 어린 시기도 받고, 또 맞대응해줘야 하는 피곤한 일도 겪었다.

또 꽤나 괜찮은 투자라고 생각해서 부동산을 사고 세를 놓으려 했지만, 세입자가 지독히도 구해지지 않는 상황도 겪어봤다. 다달이 은행 대출금은 나가야 하는데, 월세로 대출금 이자를 충당하지 못하고 마음을 조리며 내 월급으로 이자를 갚는 상황도 겪어봤다. 다시 생각해도 싫다.

또 세입자와 실랑이를 해야 하는 경우도 있었다. 나도 세입자 입장이었을 때 집주인과 의견이 달라 마찰이 생긴 적도 있었다.

또 부동산 업계에서 일할 때 진상손님 응대나, 계약 성사 등과 관련된 사안은 늘 고민하고 더더욱 신중히 여기는 일이다.

부동산 계약을 할 때 계약 당사자들(부동산을 파는 사람, 사는 사람) 관계도 그렇다. 좋은 매물이 나와 사려고 하는데 안타깝게도 순탄하게 계약이 진행되지 않는다든지, 점 찍은 부동산을 경매로 마음대로 척척 낙찰받지 못한 적도 있었다.

또 어떤 때는 꼭 낙찰받았으면 하는 물건임에도 가족의 거센 반대가 있었고, 도저히 돈이 부족해서 아예 입찰은 생각도 못하는 물건들도 꽤 있었다. 투자를 해본 사람이라면, 꼭 부동산이 아니더라도 투자와 관련하여 분명 아픈 경험들이 몇 가지는 있을 것이다.

그중에서도 내가 부동산과 관련하여 겪었던 뼈아픈 경험은 단연 부동산 업계에 막 입성했을 때를 꼽을 수 있을 것 같다. 정말이지 생각하기도 싫은 기억이지만 1년 동안 계약서를 단 1건도 못 썼다. 그때에 자괴감은 꽤나 오래 갔다.

지금 생각해보면 당시 나이가 심하게 어리기도 했고, 준비가 덜 된 탓도 있고, 비즈니스라는 개념도 부족했었고, 멘토라고 나를 끌어주는 사람들도 겨우 몇 개월 전의 좋은 실적으로 인해 빠르게 승진한, 심지어 업계에 몸담은 지 1년도 안된 풋내기 팀장에 불과했었다.

아무튼 그때 당시를 분석하자면 부동산 일을 하기에 좋은 조건은 하나도 없는 기가 막힌 상황이었다. 그래서 나는 '어떻게 이 정도로 계약이 안 되나. 같이 일하는 동료들은 계약 성사도 잘되는데 나는 어지간히 운도 없네. 애당초 부동산에 뜻도 없었지만, 나는 부동산하고 지지리도 안 맞는 팔자인가보다'라며 자책했다.

이럴 때는 그동안 잊고 살았던 부처님, 하느님을 찾으며 소원을 빌게 된다. 소원은 단연 일 좀 잘 풀리게 해달라는 내용이다. 돈 좀 벌게 해달라고 하늘에 빌어도 보고, 원망도 해보고, 눈물도 흘려봤다. 심지어 어머니에게 모진 말도 했다. 아침에 눈뜨기도 싫고, '지난 새벽에 소리 소문 없이, 고통 없이 죽어버렸으면 좋았을 텐데' 하는 생각도 여러 번 했었다. 하도 우니까 두통도 왔었다. 타이레놀 회사의 VIP손님 등극이었다. 하루에 9알까지 먹어보았다.

미국에서 가장 뛰어난 영적인 작가로 꼽히는 작가이자, 많은 부를 이룬 캐서린 폰더의 저서《부의 법칙》에는 다음과 같은 글이 있다.

'기대하는 때에 기대하는 어떤 일이 이뤄지지 않는다 해도 그것을 실패라고 여기지 마라. 오히려 훨씬 더 좋은 결과가 다가오고 있는 중이며, 가장 좋은 때에 그 결과가 드러나리라고 확신해야 한다. 우리의 목표가 실패한 것처럼 보일 때 오히려 기대치를 높이도록 하자. 처음 예상한 것보다 훨씬 더 큰 결과가 다가올 것이다.'

내가 몇 번이고 읽고 또 읽는, 부의 바이블처럼 여기는 책인 월러스 워틀스의 저서《부자가 되는 과학적 방법》에는 다음과 같은 글이 있다.

'혹시라도 실패한다면 너무나 소박한 바람을 품었기 때문이다. 주저앉지 마라. 포기하지만 않으면 원하고 있었던 것보다 훨씬 더 좋은 것이 나타날 것이다.'

지금에 와서 하는 말이지만, 지나고 보니 결국 캐서린 폰더와 월러스 워틀스 두 분의 말씀이 맞았다. 당시 나는 너무나도 절망적이었고, 내 인생은 실패라며 고통스럽게 살았던 그때를 생각해보면, 지금의 나는 훨씬 더 좋은 것들을 가지고 있음을 새삼스레 깨닫는다. 그리고 지금의 나는 당시에 감히 상상도 못하던 내가 되어 있다.

옛날에 그렇게 기대하고 고대하고 소원하던 일이 안타깝게도 결국 이루어지지 않았다고 생각했는데, 지금의 나는 오히려 예전보다 더 좋은 직장과 더 좋은 재정 상황과 더 좋은 자산을 소유하고 있는 사람이 되어 있었다.

그리고 한 가지 더 깨달은 것은, 당시에 내가 소망하던 것들은 지금 와서 생각해보면 굉장히 소박한 바람이었다는 사실이다. 또 당시에는 거대한 사건이라고 생각했던 것이 사실은 너무나 작은 일이었고, 일희일비할 필요가 없었던 것이다.

어떤 일을 계획하고 실행하든 고민은 있다. 과연 제대로 될까라는 의문도 들고, 가까운 사람들의 냉대도 받는다. 마음대로 일이 진행이 안 되서 슬픈 때도 있다. 나는 이럴 때 기분전환을 위해 '한두 시간 정도 걷기'를 했다. 절대 집에 있으면 안 된다. 무조건 밖으로 나가야 한다. 울적해진 기분을 좋아지게 하기 위해 파이팅 넘치는 음악을 들으며 걷는 것이다. 단, 반드시 혼자 걷는 것이 좋다. 그래야 혼자 생각하는 시간을 보낼 수 있다. 걷는 동안 이런저런 생각도 하고, 때때로 하늘을 보며 간절한 기도도 하고, 좋은 아이디어나 영감도 얻었다. 심지어, 다이어트 효과도 있었다.

그리고 이 책을 읽는 분이라면 단순히 집에 대한 욕심을 넘어 부의 대한 열망이 있을 것이다. 나는 이 책을 읽고 있는 20대 친구들에게 기왕이면 '부촌'을 걸어보라고 말해주고 싶다. 설사 집에서 조금 떨어진 곳이라도 시간을 내어서 가보라고 말해주고 싶다. 그곳은 긍정적인 기운이 있는 곳이다. 그곳에 있는 높고 멋진 집들과 좋은 차들을 보면서, '나도 언젠가 저기서 살아야지, 나도 저 차를 꼭 가져야지'라는 다짐을 하기 바란다. 그러한 마음은 당신에게 어떠한 방식으로든 반드시 긍정적인 변화를 가져다 줄 것이다. 내가 그러했기 때문이다.

우리는 투자와 관련해서 강한 정신을 가져야 한다. 절대 작은 일로 일희일비해서는 안 된다. 사소한 일은 다 지나가게 되어 있다. 물론 어떤 분들은 투자의 세계를 벗어나 괴로운 마음을 다스리고자 종교에 귀의하는 분도 봤다. 하지만 내가 따라 하기에 너무 극단적인 방법이었고, 내가 했던 방법은 하염없이 울며 잠자는 것, 그리고 서점에 가서 이 책 저 책 뒤적이며 마음에 맞는 책을 골라 읽으며 마음을 다독이며 시간을 보내는 것, 그리고 산책하는 것이 있었다.

책을 읽는 것은 가성비 최고인 방법이다. 책값이 비싸다고는 하지만, 술로 세월을 낭비하는 것보다는 저렴하다. 책값이 비싸다고는 하지만 그래봐야 스타벅스 커피 3~4잔 값이다. 커피 3~4잔 값으로 인생에 꽤 귀감이 될 만한 글귀 한 구절을 만난 것은 멘탈이 하강국면을 기고 있을 때 나에게 든든한 지원군이 되어 주었다.

내 집

PART 05

20대, 월급으로 내 집 한 채 갖기

01

나는 돈이 없어도 집을 샀다

사람들은 어떤 것에 대해 터무니없다는 반응으로 "그건 가능성이 1%도 없어"라는 말을 하곤 한다. 반대로 그들이 긍정적으로 생각하는 것에는 "그건 90% 이상의 가능성이 있어" 이런 식으로 표현한다. 조금 마음에 들면 후한 숫자를, 마음에 들지 않으면 낮은 숫자를 언급하며 이야기를 한다. 그리고 기정사실화한다.

여기서 그들이 제시한 확률은 그저 그들의 '느낌적인 느낌(?)'에 근거를 두고 있을 뿐이다. 어떠한 근거 데이터도 없이, 그저 본인의 느낌을 그럴 듯한 숫자를 빌려와 표현했을 뿐이다. 숫자를 뒷받침하는 어떠한 근거자료도 없으면서, 통념상 이것은 몇 %의 가능성이 '있네, 없네'라고 말하고 있는 것이다. 이것은 상당한 어폐가 아닌가.

나는 지금의 20대들에게, 이런 평범한 사람들이 아무 생각 없이 내뱉는 확률은 무시하라고 말해주고 싶다. 값어치 없는 견해는 단호히 무시할 줄도 알아야 한다.

나는 어릴 때 그러질 못했다. 어른들의 말은 작은 것 하나라도 놓치지 않고 다 받아들이고, 다 맞는 말인 줄 알았다. 크면서 느낀 것이지만, 그 커다란 키의 어른들이 하는 말 중에는 대부분 근거도 없는 낭설이 적지 않다는 것을 알 수 있었다. 게다가 본인이 겪어보지 못한 사실에 대해서는 냉소적으로 비웃으며, 어떻게 해서든 깎아내리는 못된 심보와 졸렬함도 느낄 수 있었다.

감히 말하지만 인생은 확률이 아니다. 인생에 있어서 어떠한 사건(이슈)은 '일어나거나, 일어나지 않거나' 딱 둘 중 하나다. 그것이 전부다. 세상 사람들의 말에 현혹되어 어떠한 근거도 없이 가능성을 미리 점치고, 일말의 가능성조차 무시해버리며, 나아가 포기하는 일은 없어야 할 것이다.

20세기 천재 과학자 아인슈타인은 이렇게 말했다.

"논리는 당신을 A에서 B지점으로 데려가지만, 상상력은 당신을 어디로든 데려다줄 수 있다."

이 말은 내 인생 통틀어 들은 말 중에서 제일 감명 받은 명언이다.

지금 통장에 들어 있는 돈의 액수와 현실에 처한 상황으로 미래를 점치지 말자. 무언가 하고 싶다는 강한 열망을 가진다면 참 신기하게도 길은 열리게 되어있다. 그러기 위해서는 우선 부딪혀보겠다는 의지가 먼저다. 그 다음, 일이 이루어지거나 일이 이루어지지 않거나 둘 중 하나로 갈린다. 자, 그래도 50%의 가능성 아닌가. 어차피 될 일이라면 되고, 안 될 일이라면 안 되게 되어 있다. 진인사대천명이라고 했다. 일단 저질렀으면 기우제를 지내는 마음으로 밀어붙여야 한다. 누군가 그랬다. 기우제는 비가 올 때까지 하는 것이라고.

그럼 안 되었을 때의 리스크는 누가 감당하냐고, 허비한 시간과 노력과 땀과 정성은 누가 보상해주냐고 물을 것이다. 그렇다. 우리는 사실, 사람들이 말하는 확률보다 이 리스크가 무서운 것이다. 이것이 진실이다.

하지만 무언가 진실로 너무나 진지하게 갈구하면, 이런 리스크에 대한 두려움은 이길 수 있게 되는 것 같다. 내 경험담이다. 한때 이런 고민을 했었다.

'몇 개월 후에 회사에서 나가야 하는데, 회사에서 나가고 나면 나는 언제 취직이 될지 모르는 상황이 올 수도 있다. 그렇다면 퇴사 후에 자산을 늘릴 수 없는 처지가 될 수도 있는데, 어떻게 하면 좋

을까?'

당시 나는 회사에 속해 있는 직장인이라는 신분을 이용해서, 나름 대담하게도 내가 받을 수 있는 은행대출의 최대한도를 받았다. 그리고 대출금만으로 부동산 투자를 감행했다. 그리고 나름 좋은 성적을 거두었다. (참고로 대출받은 금액 모두를 다 쓰는 투자는 하지 않았다. 난 보수적인 사람이다.) 대출금 중 일부만 사용하여 부동산에 투자했다. 그리고 남는 대출금은 바로 상환했다. 여담이지만, 그 이후 회사를 그만두지는 않고 계속 다녔다.

현재의 상황보다, 현재 가지고 있는 돈보다, 절대적으로 '생각'이 먼저다. 일단 부딪혀보겠다는 의지가 먼저이다. 마음에 드는 부동산을 만난다면 일단 내 것으로 만들고 봐야 한다. 돈은 그 다음 문제이다. 돈은 대출을 일으켜서라도 만들어내면 만들 수 있지만, 마음에 드는 부동산은 딱 그때가 아니면 못 만나는 수가 있다.

대부분의 부동산 고수들이 '나는 돈 없이도 투자했다'라는 말이 거짓이 아닌 이유다. 돈은 만들고자 마음만 먹는다면 어떻게 해서든 만들어지는 희한한 물건이다. 그러기에 우리는 당장 수중에 들고 있는 돈보다, 이루겠다는 의지 그리고 부동산의 옥석을 가릴 수 있는 안목을 먼저 길러야 한다.

세상에서 가장 중요한 것은 어찌 보면 돈인 것 같다. 사람을 살릴 수도, 죽일 수도, 슬프게도, 기쁘게도 하는 요물이다. 돈으로는 거의 못하는 것이 없기 때문이다.

그래서 사람들은 일단 수중에 돈이 있어야 그 다음 계획을 하려고 한다. '돈이나 모아지거든 부동산 공부를 해야 의미가 있지'라고 생각한다. 그들은 투자에 있어서도 마찬가지로 생각한다. 부동산 투자를 하고 싶어도, 지금 당장 돈이 수중에 없다는 이유로 부동산 중개사무소에 들러 궁금한 것에 대해 자신 있게 질문하지도 못한다. 그리고 지금 당장 돈이 수중에 없다는 이유로, 아파트 모델하우스에 들러서 설명 한 번 들어보는 것도 부담스러워한다.

'돈도 없는 나에게 집을 사라고 하면 어쩌지?'

'돈도 없는데 부동산 투자박람회나 모델하우스는 가서 뭐한담? 다 부질없는 짓이야.'

하지만 이래서는 상황이 나아지지 않는다. 돈은 차후의 문제이다. 마음이, 의지가, 확신이 먼저이다. 집이든 무엇이든 어떤 것을 갖고 싶다는 마음이 먼저 있고, 의지가 있은 다음에야 돈이 의미가 있는 것이다. 그리고 그런 강력한 의지가 있고나면, 신기하게도 돈은 어디선가 나타난다.

다릴 앙카의 저서 《가슴 뛰는 삶을 살아라》에는 이런 구절이 있다.

'누군가가 뭔가를 필요로 할 때에는, 반드시 그것을 제공해 줄 사람도 동시에 존재합니다.'

나는 이 말의 신봉자이다. 그리고 이는 내가 경험한 바이기도 하다.

02

부동산 투자는 빨리 시작할수록 좋다

'그대는 매우 젊다. 아직 재테크 시작하지 마라. 대신 꿈꾸기를 시작하라. 오히려 한 달에 한 가지라도 '전혀 돈이 되지 않을 일'을 찾아 시도해보라. 펀드가 아니라 꿈을 이룰 그대의 역량에 투자하라. 진정으로 원하는 것을 이룰 수 있다면, 몇 해쯤은 수입 한 푼 없더라도 견뎌보겠다는 각오를 차곡차곡 불입하라. 그것이야말로 청춘의 진정한 '적금'이 아니겠는가?'

얼마 전 비로소 읽은 베스트셀러 작가 김난도 교수의《아프니까 청춘이다》저서에 나오는 글이다.

이 책에서 작가는 몇 해쯤은 수입 한 푼 없더라도 견뎌보겠다는 각오를 차곡차곡 불입하라고 했다. 내가 해보았다. 내가 그렇게 살아봤는데, 정말이지 고통스러운 나날이다. 돈을 벌지 못한다는 것은 정말이지 고통스러운 것이란 것을 그때 깨달았다. 자존감이 무너진 채로 계속 살아가는 고통은 겪어보지 않은 사람은 모를 것이다.

나는 부동산업계에 들어와서 초창기 정확히 1년 동안 돈을 벌지 못했었다. 점점 정신이 피폐해졌고, 부정적인 사람이 되어 갔다. 그 당시 내 동료는 나를 보면 머리 위에 먹구름을 이고 다니는 사람 같다고도 표현했다. 그런 말을 우스갯소리처럼 위로라고 자꾸 해주는데, 자존심 강한 나는 더 화가 치밀었다. 그때의 패배감을 씻어내는 것은 정말이지 힘들었다.

물론 그때의 트라우마가 지금의 내가 있을 수 있도록 알게 모르게 도움이 되기는 했을 것이다. 그러나 나는 '몇 해쯤은 수입 한 푼 없더라도 견뎌보겠다는 각오'를 해보라는 그의 표현에 절대적으로 반대한다. 직접 경험해 본 바로는 이 표현이 너무나 잔인한 말, 희망고문으로 느껴졌기 때문이다.

하지만 그의 책을 더 읽어보면 큰 맥락에서는 그의 뜻과 내가 생각하는 이상이 닮아 있음을 느낄 수 있었다. 조금 더 읽어보면 이런 내용이 있다.

'20대가 만들 수 있는 종잣돈이란 사실 미미한 액수다. '코 묻은 돈' 아껴서 재테크 시작하기보다는, 차라리 다 써버려라. 물론 그 지출은 자신을 성장시킬 수 있는 것이어야 한다. 책을 사고, 여행을 떠나고, 무언가 배우는 데 써라. 나중에 정말 큰돈을 만들고 싶다면, 푼돈으로 몇 년 일찍 재테크를 시작하기보다는 '더 나은 나'를 만드는 데 돈을 써라. 궁극적으로 최고의 재테크는 나의 가치를 높여 높은 연봉을 받는 것임을 잊지 마라.'

맞는 말이다. 20대가 만들 수 있는 종잣돈이란 사실 대부분 미미할 것이다. 하지만 그 종잣돈으로 한 투자가 더 나은 삶으로 한 발짝 내딛을 수 있도록 희망이 되어준다면 얘기는 달라질 것이다. 방법론만 다를 뿐이다. 뭐로 가든 서울로만 가면 된다고 하지 않는가. 그의 말대로 궁극적으로 '나의 가치를 높여 높은 연봉을 받는 것'이 목표라면 그 방법은 여러 가지가 될 수 있는 것이다.

그는 궁극적 목표를 위해 책을 사고 여행을 떠나고 무언가를 배우라고 했다. 그렇다면 궁극적 목표인 '지금보다 더 나은 나, 높은 연봉을 받는 나'가 되기 위해 돈과 관련된 책을 사고, 부에 대해 영감을 일으키는 여행을 떠나고, 돈이란 무엇인지를 배우는 학문에 돈을 쓰면 될 것이다. 시작은 '코 묻은 돈'이겠지만, 창의적인 생각과 약간의 노력만 결합이 된다면 결과는 달라질 수 있다. 우리는 이것을 놓치지 말아야 한다.

어떠한 글에서 읽은 말이지만,《아프니까 청춘이다》이 책이 세상에 나오기 전에는 '××의 독설' 등 청춘들에게 그저 노력을 더 하라고, 독설을 하고, 다그치고, 몰아붙이는 분위기가 대부분이었다고 한다. 하지만《아프니까 청춘이다》이 책은 무한경쟁시대를 치열하게 살아가는, 상처 많은 대한민국의 청춘들에게 독설 대신 따뜻한 말로 위로를 해주고, 용기를 북돋아 줬기 때문에 베스트셀러가 됐다고 한다.

그렇지만 그저 위로나 좀 받고 아프고 싶지 않은 청춘이 당신 삶의 목표가 아니라면, 나아가 젊은 부자가 목표라면, 적어도 재테크에 대해서는《아프니까 청춘이다》보다 다른 책을 참고하는 것도 좋을 것 같다. 그리고 나는 감히 말할 수 있다. 부동산 투자는 빨리할 시작할수록 좋다. 아마도 내가 10대부터 부동산 투자를 했다면 지금의 내 모습과는 많이 달랐을 것이다.

나는 세상의 모든 편견에 반대한다. 돈이 없기 때문에, 어리기 때문에 투자를 하지 말아야 한다거나 투자에 대해서 몰라도 된다는 말은 무책임하고도, 구시대적인 사고방식이며, 협소하기 그지없는 편견이다.

적어도 이 자본주의 사회에서 부자가 목표라면, 먼저 재테크에 대해 실전지식을 축적한 사람이(즉, 먼저 투자해 본 사람이) 더 빨리 가시적으로 성과가 나타나기 마련이기 때문이다. (더 빨리 부자가 되기 때문이다.)

그러기에 주변 누구보다도 먼저 부동산 공부를 해야 하고, 더 빨리 실전경험을 해야 하는 것이다. 20대에 먼저 한 사람이 30대에 하는 사람보다 유리하고, 30대에 먼저 한 사람이 40대에 하는 사람보다 절대적으로 유리할 수밖에 없다.

나는 누구보다 더 빠르게 성장하고 싶었다. 남들보다 좀 더 많이 갖고 싶었다. 그러기 위해서 공부를 했다. 부동산 공부를 말이다. 내 목표는 입신양명, 출세였는데 그 도구로써 부동산이 꽤 적절해 보였다.

일찍 일어나는 새가 벌레를 잡아먹는다고 했다. 그리고 일찍 일어나는 새가 더 피곤하다고 했다. 일찍 일어났기에 다른 새들보다 피곤하겠지만, 벌레를 잡아먹기에는 조금 더 편한 것이다. 이 논리는 부동산 투자에도 동일하게 적용될 수 있다고 본다. 우리 모두 부동산 투자에 있어 '얼리버드'가 되어야 한다. 얼리버드는 비행기 발권에만 국한해서 쓰기에는 아까운 단어이다.

친구들보다 먼저 뛰어들어야 한다. '내 주변 친구들 보면 부동산은 머나먼 나라 정도의 얘기로 생각하던데'라고 생각하면 절호의 기회인 것이다. 지금 시작한다면 그 친구보다는 빠르게 갈 수 있다. 지금 당장 내 친구들이 영어 성적이 좋다고, 자격증이 많다고, 그들이 뿌듯해하는 모습을 보며 풀 죽어 있지 않았으면 좋겠다. 결국 누가 더 빨리 돈을 벌고, 더 많이 벌어, 자산을 쌓느냐가 자본주의사회에서는 성공의 절대적인 잣대임을 알아야한다.

우리는 한 살이라도 더 젊을 때에 돈을 벌어 부를 누리고, 타인을 위해 베푸는 삶을 꿈꿔야한다. 휠체어 탄 부자는 대한민국 청춘의 목표가 아니다. 젊기 때문에 혹은 어리기 때문에 안 될 일이라면, 늙어서는 될 일이라는 확실한 보증이 있는가. 세월은 나를 기다려 주지 않는다.

03

저축만으로는 절대 부자가 되지 못한다

'진짜 큰돈, 엄청난 큰돈을 벌려면 거래를 해야 한다. 사고파는 일말이다. … 세상에서 가장 부유한 사람들을 보라. 그들 중 봉급을 받으며 사는 사람은 아무도 없다. 심지어 프리랜서도 없다. 다 물건을 파는 사람들이다. 컴퓨터, 비행기좌석, 자동차, 신문 같은 것 말이다. … 당장은 관망을 선택한다 할지라도 당신이 백만장자가 되고 싶다면 조만간 사고파는 일을 시작해야 할 것이다.'

나에게 영감을 많이 가져다준 리처드 템플러의 저서《부의 잠언》에서 나오는 글이다.

이제까지 내가 읽은 서적들 중에 저축으로 부자가 된 예는 볼 수 없었다. 모두, 다, 예외 없이 부자가 되기 위해서는 투자를 하거나,

거래를 하라는 식의 조언이었다. 내가 이제껏 만난 부자들도 모두 그러했다. 그들 모두 사업을 하는 분들이었다. 위의 리처드 템플러의 말대로 무언가를 사고파는 사람들이었다. 그리고 그들 중 누구도 저축만으로 부자가 되었다고 말씀해주신 분은 단 한 분도 없었다. 사실 이것은 굳이 누구의 조언이 없더라도 우리 모두 익히 알고 있는 사실이기도 하다.

예전에는 금리가 10%대였기 때문에, 다른 재테크가 필요 없이 벌어놓은 현금을 은행에 잘 모셔두기만 했어도 그것으로도 그럭저럭 괜찮은 투자였다. 하지만 우리 세대는 다르다. 한국은행에서 발표한 현재 대한민국의 기준금리는 1.25%. 이 숫자가 이 시대의 모든 것을 설명해준다. (기준금리는 한 나라의 금리를 대표하는 정책금리로 각종 금리의 기준이 되는 금리라고 생각하면 된다. 중앙은행인 한국은행은 기준금리를 정하여 각종 금리의 기준이 되도록 한다.)

보통은 경제가 어려운 시기에 내수시장을 살리기 위해 기준금리를 내린다. 미국의 경우도 2007년도 8월까지만 해도 5.25%였던 기준금리를 금융위기 이후부터 쭉 낮게 유지했다. 금리인하는 무너진 경제를 회복시키기 위한 그들의 묘안 중 하나였다.

그러다 최근 미국 연방준비제도이사회 재닛 옐런 의장은 다시 한 번 더 금리 인상을 발표했다. 각종 언론에서는 미 금리인상 발표에 대해, 미국의 경제회복에 대한 자신감 혹은 시발점이라고 표현하며 금리의 지속적인 인상을 예고했다. 세계적인 투자자 짐 로저스 회장도 역사상 이렇게까지 금리가 낮았던 시기는 없었으며, 결국 금리는 인상될 것이라고 예측하기도 했다.

미국의 금리가 중요한 것은 우리나라 금리에 중요한 영향을 주기 때문이다. 미국이 슬금슬금 금리를 올린다는 것은, 미국의 낮은 금리를 피해 신흥국 등에 몰렸던 외국 투자자금들이 미국으로의 컴백을 의미하고(금리가 높은 안전한 미국에 투자), 신흥국 등에서는 외국인 투자자금의 이탈이 본격화될 것을 의미하기 때문이다.

결국, 신흥국 등의 입장에서는 미국으로 도망치려는 외국인 투자자금을 묶어두기 위해 금리인상을 감행할 것이다. "미국이 금리 인상을 한다지만, 우리 신흥국도 금리인상을 할거예요. 그러니 우리나라에 투자한 자금을 들고 미국으로 떠나가지 마세요"라며.

이는 한국은행이 결국 금리를 인상하게 되는 이유가 될 것이다. 그런데 금리가 인상되는 추세라고 해서, 예전처럼 10%대의 금리로 인상될까라는 생각에는 의문이 든다. 우리나라도 미국의 영향을 받아 금리가 조금씩 오르겠지만, 저축으로 재테크를 할 만큼 만족할 만한 수준으로의 금리 인상이 과연 가까운 시일 내에 될까라는 의구심은 지우기 힘들다.

그렇기 때문에 우리는 전략을 짜야 한다. 투자 포트폴리오를 만들어야 한다. 저축은 너무나 중요하지만, 안타깝게도 직접적으로 부자로의 신분 상승을 실현시켜주는 도깨비방망이 역할은 하지 못한다.

TV에서는 매일 '100세 시대이다, 청년 실업률이 사상최고이다, 경제가 IMF 수준으로 불황이다, 부의 양극화는 가면 갈수록 심해지고 있다'라며 하루에도 몇 번씩 떠들어댄다.

한국은 1997년 외환위기와 2008년 금융위기 후 상당수 중산층이 붕괴됐다. 한국의 중산층에 대해 연구한 보고서들은 하나같이 한국 중산층의 붕괴속도가 엄청나게, 심각하게, 유례없이 빠르다는 것을 보여준다.

심지어 계층 이동의 '사다리' 역시 점차 사라지고 있다. 이것은 이 시대를 살아가고 있는 우리가 실로 체감하고 있는 바이기도 하다. 즉, 이제는 부자가 아니면 빈자가 되는 세상이라는 것이다.

일본이 그러했다. 1억 명의 중산층, 즉 전체 가구의 중산층을 실현했다는 일본은 잃어버린 20년 동안 중산층이 처참히 무너졌다. 세계 2위 경제대국이고, 국민소득 3만 5000달러인 일본도 아래층이 무너지니 중산층이 긴장하면서 경제가 급속도로 무너졌다. 불안한 중산층은 더욱 소비를 안 하고, 싼 것을 찾고, 가성비를 찾았다.

상품의 가격 파괴는 일본 기업들의 주요 마케팅 전략이었다. 100엔 마트를 생각하면 이해하기가 쉽다.

이 시기에 우리가 해야 할 일은 정신을 바짝 차리고 부자가 되기 위해 연구하고 실현하는 것, 그 외에는 없다. 이제 중산층은 없다. 생존을 위해 부자가 되어야 하는 세상인 것이다. 빈자가 되기 싫다면 부자가 되어야 한다는 소리이다.

사회 구조적인 모순이라며 정치인들만 탓하기에는 인생이 너무 짧다. 우리는 어서 빨리 부에 대한 공부를 해야 한다. 이제, 빈자는 그 자신은 물론이거니와 그의 가족을 지키기도 힘든 세상이다. 어쩌면 기존에 누리고 있는 환경마저 포기해야 하는 상황이 올지도 모르겠다.

나에게 많은 영감을 준 책, 캐서린 폰더의 저서 《부의 법칙(The Dynamic Laws of Prosperity)》에는 이런 글이 있다.

'부는 의도적인 생각과 행동의 결과이다. … 부는 명확한 계획에 의해 이뤄지는 결과물이다. 의도적이 계획이 없다면 지속적인 부란 있을 수 없다.'

우리는 부에 대한 명확한 계획, 의도적인 생각과 행동을 통해 부자가 되어야 한다. 이제 정말 부자가 아니면 빈자가 되는 세상이기 때문이다.

04

한 달 벌어 한 달 사는 한 달 인생에서 졸업하라

우리는 회사에 다니며 돈을 번다. 아마 대부분 한 달에 한 번 거의 월말쯤에 월급을 받을 것이다. 매일 새벽같이 일찍 눈 비비고 일어나 출근을 한다. 출근길은 지하철이든 차도든 밀리기는 마찬가지이지만, 지하철은 지옥철로 불리며 '조용한 아비규환'이 벌어지는 곳이다.

그렇게 출근을 해서, 부지런하게도 일찍 출근하신 상사님께 아침 문안인사를 드리고, 업무를 시작한다. 오전은 졸음을 쫓기 위해 모닝커피 카페인에 의지해 업무를 한다. 회사에서 가장 행복한 시간은 점심시간이다. (업무가 너무 바쁘다면 이마저도 즐길 수 없지만) 그리고 시작된 오후업무는 야근(무상노동)으로 이어진다. '출근-야근-퇴근'이 구조의 반복이다. 일이 있어 조금이라도 일찍 집에 가야 하는 날에는 매우 송구한 표정과 몸짓으로 사죄를 드리고, 석고대죄하는 죄인의 마음으로 퇴근을 한다.

아마도 이 일련의 과정이 이 시대 직장인들의 대부분 모습일 것이다. 직장생활이란 이 일련의 과정에 대해, 매달 한 달 분량을 회사가 값을 매겨 월급이라는 명목으로 입금해주는 시스템인 것이다. 그렇게 대부분 한 달, 한 달, 일 년 열두 달을 살아간다.

직장 경험은 중요하다. 상사가 무엇인지, 조직이 무엇인지, 사회가 어떻게 돌아가는지, 돈이란 것은 무엇인지, 월급을 받는다는 것은 무엇인지, 의전이란 무엇인지, 격식이란 무엇인지 가장 빠르게 배울 수 있는 곳은 단연 직장이다. 눈물 젖은 빵을 먹어보지 않은 사람은 인생을 논하지 말라고 했다. 남의 눈칫밥도 먹어본 적이 있어야 하며, 억울함에 눈물도 흘려본 적도 있어야 한다. 그리고 직장은 일의 성취감도 느낄 수 있게 하는 곳이다. 동기들끼리의 우애도 배울 수 있다. 처음부터 프리랜서만 한 친구들은 아마도 모를 것이다. 몇몇 사람들은 "회사를 다니면 조직의 부품으로 사는 것이다, 독창성이 희생된다, 직장생활은 아무리 잘나가도 사오정, 오륙도가 있다, 회사에서는 성장하는 데에 한계가 있다, 조직의 일개 부품으로 사는 것을 행복이라 할 수 있는가"라며 하루 빨리 독립하여 자신의 회사를 차려야 한다고 강조한다. 이는 직장인들도 공감하는 바이다.

그런데 나는 사실, 그들이 말하는 부품생활도 나쁘지 않았다. 어떤 사람들은 "꿈을 좇아라, 적성에 맞는 직업을 가져라"라고 하지만, 나의 20대는 당장 돈이 급했다. 적성이니 꿈이니 이런 것은 차후의 문제였다. 그래서 일단 어떻게 해서든 직장을 가지려고 노력했다. 내가 대단한 학벌이 있다거나 금수저 출신이 아니다보니, 나의 적성에 맞춰 직업을 찾는다는 것은 사치였다.

그리고 20대 중반 즘에는 내가 동경하던 증권사의 파생상품실에서 일할 수 있는 행운도 얻었었다. 이후 직장을 옮겼는데, 내가 동경하던 외국계 회사 금융부서(Finance)의 재무팀(Treasury)이었다.

나는 이 두 집단에 속해있으며, 가히 대한민국의 엘리트 집단을 경험할 수 있었다. 그리고 그들에게 실로 배울 것이 많다는 것을 느꼈다. 한국의 월가, 여의도에서의 부품생활은 그저 그런 평범한 조그마한 회사를 다니면서는 절대 배울 수 없는 최고의 경험이었다고 자부한다.

그리고 사실 내가 부동산을 살 수 있었던 것도 나의 상사들이 면

접에서 나를 뽑아줬기 때문에 가능했다. 그들 덕분에 일을 할 수 있었고, 매달 월급이라는 수입이 있었기 때문에 은행에서 대출을 받아 집도 살 수 있었던 것이다. 사실 지금의 나를 만든 것은 팔 할이 회사 덕분이었다. 이것은 겸손이 아니라 사실이다.

그리고 나는 회사에서 한 달 벌어 한 달을 살며, 불안과 더불어 희망을 배웠다. 늘 몇 달 전보다 나은 내가 되기 위해 노력했다. 그리고 나는 빨리 부자가 되고 싶었다. 아마도 불안했던 내 지난날의 사회적 위치가 오히려 더욱더 '빨리 부자가 되고 싶다'라는 마음을 갖게 한 것 같다.

부자들은 대체로 다양한 수입원이 있다. 수시로 입금이 있다. 그들은 책도 쓰고, 강연도 하고, 연구도 하고, 논문도 쓰고, 이런 사업도 하고, 저런 사업도 하고, 부동산도 하고, 주식도 하고, 채권도 하는 등등 참 많은 것을 통해 돈을 번다.

편견에 갇힌 사고방식을 하는 사람들은 '한 우물만 파야 한다', '재주 많은 놈이 밥 굶는다'라는 식으로 폄하하는 말을 하지만, 그것은 그들의 좁은 사고와 편견을 대내외적으로 알리는 어리석은 행동일 뿐이다. 사회는 멀티 플레이어를 필요로 하고, 인정해준다.

그러나 한편으로 누군가는 '돈이 전부가 아니다. 우리는 돈을 벌기 위해 사는 것이 아니라, 자아실현을 위해 살고 있는 것이다', '우리는 돈을 벌기 위해서 일하는 것이 아니라 보람을 느끼기 위해 일을 하는 것이다'라고 말하곤 한다. 사회 역시 '보람이야말로 일의 궁극적인 목적이며 돈은 어디까지나 덤이니 생활하기 어렵지 않은 정도면 된다', '돈보다 보람이 중요하다' 등의 사상을 어린 시절부터 사람들에게 세뇌를 시킨다.

하지만 나는 이런 말이 우주 최고의 가식적인 말이라고 단언한다. 그렇다면 그 일을 무상으로 하면 되지 않는가. 왜 월급이 안 오른다고 찡찡거리나. 왜 물가는 오르는데 월급은 오르지 않는 것이냐며 만나는 모든 사람들에게 푸념을 하고 다니는 것인가. 왜 승진에서 밀렸다고 분해하는가. 감히 단언하지만, 우리 모두 돈을 벌기 위해 일하고 있는 것이다. 이것이 사실이다.

내가 사랑하는 책《부의 법칙(The Dynamic Laws of Prosperity)》의 저자 캐서린 폰더는 '가난은 죄이며, 돈이란 신성한 것'이라고 표현했다. 심지어 돈은 하나님의 선함이 표현된 것이기에 신성한 것이라고까지 표현했다. 그럼에도 사람들은 돈에 대해 낡고 왜곡된 고정관념에 사로잡혀 있다고 캐서린 폰더는 주장했다.

나는 그녀의 의견에 전적으로 동감한다. 돈은 선한 영향력을 전

파하기에 가장 좋은 매개체이다. 돈은 우리 가족이 맛있는 음식을 먹을 수 있게 하고, 아플 때에는 좋은 의료 서비스를 받을 수 있게 하고, 자녀들에게 좋은 교육을 받게 하고, 어려운 이웃들을 도와줄 수 있는 멋진 도구이다. 이 멋진 도구를 잘 사용하기 위해 우리는 새벽같이 눈비비고 일어나서, 출근을 하고 열심히 돈을 벌고 있는 것이다.

돈에 대한 생각을 바꿀 필요가 있다. 우리는 우리의 수입이 한 달에 한 번 있다는 사실에 반기를 들어야 한다. 부자들처럼 다양한 수입원을 창출해서, 부디 한 달 벌어 한 달 사는 평범한 도시노동자의 삶에서 벗어나야 한다.

그리고 우리의 통장은 한 달에 한 번이 아닌, '여러 번의 입금'이 있어야 한다. 계좌입금내역에 1년 열두 달 중 열두 번 이상의 입금내역이 있어야 한다. 한 달에 딱 한 번만 와주시는 월급만 일편단심으로 바라보기에, 우리는 잠재된 능력이 너무 많다.

05

사표 내기 전에 부동산 공부부터 하라

'문과든 이과든 돌고 돌아, 결국 치킨집, 기승전(起承轉) 치킨집'

얼마 전 인터넷에서 본 기사 내용이었다. 우리는 유치원부터 초등학교, 중학교, 고등학교를 거쳐 큰 배움이라는 뜻을 가진 학문의 전당, '대학'에 입성을 한다. 그 후 어학연수 등을 다녀오고, 취직준비를 하고, 운 좋게 취직을 하고, 빡센 야근과 약간의 승진을 한다. 그리고 그 끝에 '치킨집 창업'을 하게 된다는 얘기이다. 물론 '치느님'이라 불리는 음식을 만들어 판매하는 치킨집은 많은 이들에게 미각의 즐거움을 선사하는 고마운 곳이다.

그런데 학창 시절 잠을 줄여가며, 학원을 다니며 열심히 외운 영어단어와 수학/과학 공식을 암기해서 문제 풀고 채점하고… (중략) 이러한 학업 스트레스의 끝이 치킨집이라니, 마음이 텅 비어버린 느낌이다. 심지어는 그렇게 퇴직 후 창업한 치킨집들도 거의 폐점하는 곳이 부지기수라는 뉴스는 이제 신선하지도 않다.

밤낮으로 열심히 일하며 젊은 시절 청춘을 다 바친 회사였음에도, IMF 이후 회사란 곳은 평생직장이 아니란다. 회사에서는 허울 좋은 '명예퇴직'이라는 단어를 준비해서 40~50대 직원들을 내보낸다.

모 회사의 임원은 '퇴직'을 "우리가 만들어놓은 좋은 직장을 후배들에게 물려주는 것이다"라고 표현했다. 하지만 내가 느끼기에 실상 본인 명의의 회사도 아닌데 '물려준다'고 표현하는 것은 상당히 어패가 있어 보인다.

내가 다녔던 회사에서도 정년퇴임을 하는 선배들의 모습을 몇몇 보곤 했다. 그들의 나이는 나와 불과 십몇 년 정도의 차이밖에 안 나는 분들이었다. 그들의 퇴임은 '10년 후, 아니 채 20년이 다가오기도 전에 나도 저렇게 회사에서 정년퇴임을 하는 것인가…'라는 생각을 하게 했다. 어떤 선배는 나에게 진담 반 농담 반으로 "네가 몇 살이지? 이제 사회생활 딱 10년 남았네"라고 말하기도 했다.

나는 사회생활을 10대 때부터 하다 보니, 10년이라는 세월이 얼마나 빠른지 또래보다 잘 안다. 이렇게 말하면 애늙은이 소리를 듣지만, 10년이란 시간은 정말 금방이다. 쏜살같다는 말에 전적으로 동감한다.

언젠가 회사 선배들에게 이렇게 물어본 적이 있다.

"백세시대라는데 정년퇴직하고 나서 유사업종에서 근무를 하게 된다면, 전관예우 비슷한 것도 있을 것이고, 현재 회사에서의 수입보다 더 나은 조건 혹은 수입을 받을 수 있지 않을까요?"

하지만 선배들의 조언은 대부분 현재의 수입보다 못한 수입을 얻을 것이라는 의견이 지배적이었다. 그날 이후로 회사에서 열심히 일하는 나의 모습에 대해 많은 생각을 하게 되었다. 비전 없어 보이는 직장생활이라고 해서, 직장인이라면 늘 가슴 속에 품고 다니는 사표를 멋지게 던질 패기가 있는 사람이 몇 명이나 있을까. 더구나 가족이 있는 가장이라면 머나먼 십 몇 년 후의 명예퇴직에 대한 걱정보다, 한 달 수입에 더 초점을 맞춘 생활을 할 수밖에 없다. 특히나 자녀가 어리다면 더더욱 그럴 수밖에 없다. 이것이 직장인들의 현 주소이다.

나는 모두가 갈증하고 있는 이 문제에 대해, 나름의 답을 월러스 워틀스가 저술한《부자가 되는 과학적 방법》라는 책에서 찾았다. 6가지 내용이 나에게 강하게 와 닿았는데 내용은 다음과 같다.

1. 현재의 행동에 전심전력을 다하라.

현재의 일이 당신과 맞지 않는다고 해서, 또 환경이 맞지 않는다고 해서, 맞는 일과 맞는 환경이 될 때까지 행동을 연기해야 하지 않느냐고 생각하지 마라.

2. 환경이 바뀐 다음에 행동하려고 기다리지 마라.

3. 더 나은 환경 속에 있는 자신의 모습을 신념과 목적의식을 가지고 견지하라.

그러나 행동은 현재의 환경에서 취하라. 그리고 전심전력을 다하라.

4. 부적합한 환경에 처해 있다고 주저앉아 슬퍼하거나 용기를 잃지 마라.

다시는 올바른 환경을 찾을 수 없을 만큼 철저히 잘못된 환경에 처한 사람은 아무도 없다. 다시는 올바른 일을 찾을 수 없을 만큼 철저히 잘못된 일에 깊이 빠져버린 사람 역시 아무도 없다.

5. 적합한 일을 찾은 자신의 이미지를 견지하라.

그러한 일을 찾겠다는 목적의식, 그 일을 찾게 될 것이며, 찾아가고 있다는 신념을 가져라. 하지만 현재 하는 일에서 당장 행동하라. 현재 하는 일을 더 나은 일을 찾는 발판으로, 현재의 환경을 더 나은 환경을 얻는 발판으로 만들어라. 신념과 목적의식을 가지고 적합한 일에 대한 비전을 견지하면 신의 섭리에 의해 그 일이 당신을 찾아올 것이고, 특정방식에 따라 행동하게 되면 당신이 그 일을 향해 가게 될 것이다.

6. 바라던 일을 하는 자신의 모습에 대한 비전을 가져라.

신념과 목적의식을 갖되 행동은 현재의 직업에서 시작하라. 그러면 반드시 바라는 것을 얻게 될 것이다.

어떻게 보면 굉장히 뜬구름 잡는 소리처럼 느껴질 수 있다. 하지만 이 말들은 나에게 굉장한 용기를 주었다. 마치 보물지도를 손에 넣은 느낌이 들었다고나 할까.

부자가 되고 싶다면 지금 현재 다니고 있는 직장에서 전심전력을 다해 일하라는 것, 그리고 더 나은 환경에 있는 자신의 모습을 꾸준히 견지하면 바라던 일을 하는 자신의 모습을 발견할 수 있다는 내용은 지금 생각해보면 다 맞는 말이었다. 그리고 신념과 목적의식은 필수이되, 현재 직업에서 바로 시작하면 반드시 바라는 것을 얻게 된다는 것 역시 사실이었다. 이는 내가 경험한 바이기도 했다.

현재의 직장에 만족하는 사람은 많지 않을 것이다. 나 역시 그랬다. 직장생활 중에 짧지만 계약직이라는 지위로도 살아보며 자괴감이 든 날도 여러 번 있었다. 하지만 어찌됐든 직장은 나를 믿어주고, 나에게 기회를 준 곳이다. 쥐꼬리만 한 월급이라고는 하지만 다달이 살아갈 생명을 얻게 해주는 부의 원천인 곳이다. 하지만 동시에 우리는 몇 년 후면 정년퇴직을 해야 하고, 백세시대를 살아가야 한다는 사실은 변함이 없다. 그렇다고 정년퇴직에 대한 걱정 혹은 무기력함으로 직장생활을 대충하거나 낭비해서는 안 될 것이다.

대신 많은 재테크 서적을 읽고 공부하며 백세시대를 준비해야 한다. 그중 가장 기본이 되어줄 공부가 부동산 공부라고 단언한다. 부동산은 세상을 바라보는 시야를 넓혀주며, 모든 재테크의 초석을 다지게 하는 공부라 감히 말하고 싶다. 배짱 있게 사표 던질 각오로 그 전에 부동산 공부를 하자.

06

집은 돈이 나오는 ATM기이다

'세상에 돈처럼 재미있는 것은 없다.'

이하라 사이카쿠의 저서 《일본영대장(日本永代藏)》이라는 책에 나온 말이다. 이 책은 17세기 일본이 획기적 고도성장을 기록하던 때에 간행된 일본 최초의 본격 경제소설로, 일본 문학사에서 크게 평가를 받고 있는 고전작품이다. 당대의 베스트셀러였던 이 책은 상인의 입신출세부터 패가망신 스토리 등, 당시 금은만능의 상인사회의 여러 모습들을 날카롭게 묘사하면서도, 교훈적인 내용이 많아 재밌게 읽었다.

소설은 잘 안 읽지만 이상하게도 이 책은 끌렸다. 저자가 상인으로 크게 성공한 사람이라 그런지, 이 책에는 재물과 부(富)에 대한 저자의 생각, 태도 등이 고스란히 담겨 있다. 어떻게 하면 상인으로서 막대한 부를 축적할 수 있는지, 어떻게 하면 잘나가다 한 번에 무너질 수 있는지, 상인으로서 경계해야 마음가짐에는 무엇이 있는지 등을 재치 있는 문투로 독자들에게 이야기해준다.

우리가 부동산에 대해 배우는 것도, 부동산이 좋은 이유도, 정확히 말하자면 사실은 돈이 좋기 때문이다. 냉정히 말하자면 부동산이 좋은 게 아니라 돈을 좋아하는 것이다. 건물이, 토지가, 채권이, 주식이, 원자재가 좋아서 재테크를 배우고 투자하는 것이 아니라, 우리는 '돈'이 좋은 것이다. 이하라 사이카쿠의 말대로 돈처럼 재미있는 것은 없다는 것을 우리 모두는 너무나도 잘 알고 있다.

내가 잘 알고 있는 L모 회장님이 있다. 그도 역시 지독한 흙수저 출신이었으나, 지금은 여러 상가와 아파트 등에 성공적으로 투자를 해서 다달이 나오는 임대료로 생활을 하시는 분이다. 사업으로 버는 돈보다 월 임대료로 버는 돈이 월등히 더 많기에 기존 사업을 그만둘 수도 있지만, 오랫동안 해왔던 사업에 대한 애착이 있어 그만두지는 못하겠다고 한다. 다만 취미처럼 사업을 즐기며 살고 계신다.

그는 시골에서 상경해서 소위 안 해본 것 없이, 고생이라는 고생은 다해보신 분이다. 그분의 고생 스토리는 늘 어린 시절 보릿고개부터 시작을 한다. 너무 집이 가난해서 열등감도 심하고, 게다가 아버님도 일찍 돌아가서 10대 어린 시절부터 공장에서 일을 해야 겨우 끼니를 이을 수가 있었다고 한다. 그는 가난이 지독히도 싫었다고 한다. 젊음을 줘도 그 시절 가난했던 시절로 돌아가라면 죽어도 싫다며 고개를 절래절래 흔드시는 분이다.

강남 부동산이 들썩들썩하던 때에도, 묵묵히 소처럼 자신의 사업에만 몰두했던 그가 부동산에 눈을 뜨게 된 것은 우연한 기회에 만나게 된 부동산업자 덕이라고 한다. 부동산업자의 소개로 평범한 빌라 한 채를 샀는데, 어쩌다보니 본의 아니게 사정상 빨리 팔게 되었다고 한다. 그런데 집을 사고 불과 몇 개월 후 팔았는데도, 그 당시 돈으로 순수익 2000만원이 남더라는 것이었다. 그의 표현을 빌리자면 다음과 같았다.

"그때 눈이 휘둥그레졌지."

당시 부동산의 '부'자도 몰랐던 L회장은 단기간에 얻은 순수익 2000만원이라는 거금에 대해 너무나 감동을 받아서, 부동산으로 꼭 성공하겠노라 다짐하게 되었다고 한다. 그는 그 후로 집에 욕심이 생겨서 멋진 저택들이 있는 동네를 밤마다 한 바퀴씩 운동 삼아 돌며, '나도 언젠가 저런 집을 꼭 사야지'라고 다짐했다고 한다.

지금의 그는 젊은 시절 그가 꿈꾸던 집들보다 더욱더 비싸고 좋은 부동산을 몇 채씩 소유하고 있는 부자가 되었으며, 심지어 회장님 소리까지 듣게 되었다. 지금은 지인들에게 '부동산 전도사', '부동산 정보통'으로서의 삶을 살고 계시는 분이기도 하다.

그런 그를 보며 나도 배우는 것이 많다. 그가 해주는 흙수저 성공담 스토리는 매번 똑같은 말씀의 반복이어서 귀에 딱지가 앉을 정도지만, '열망하면 이루어진다'는 그의 정신은 나에게 늘 많은 영감과 감동을 준다. 사실 그는 부동산에 대해 월등히 박학다식한 지식을 가지고 있지는 않다. 하지만 나는 그의 부동산 투자 백전노장 관록만큼은 진심으로 존경한다.

그는 우연히 만나게 된 좋은 부동산 업자를 통해 부동산이라는 세계를 알게 되었고, 기회를 기회로 알아보고 밀어붙이는 뚝심이 있었다. 그리고 그는 늘 감사하는 마음이 있는 분이다. 지금의 본인을 있게 한 것은 그때 그 부동산업자를 만난 것이라고, 그분을 만나지 못했다면 지금의 나는 아마도 없었을 것이라고 자주 회상한다. 부자들은 감사하는 마음을 가지고 산다는 자기계발서의 내용을 나는 L모 회장을 통해 리얼하게 접할 수 있다.

그에게 부동산은 '돈이 나오는 ATM기'라고 할 수 있다. 아직 어린 자녀가 있는 그에게 부동산은 말 그대로 효자 ATM기이다. 거의 매주 임대료가 입금되기 때문이다. 이쯤 되면, 그의 부동산 투자는 노후대비의 정석을 보여준다. 노후대비용 불로소득 자산을 성실히 잘 쌓아놓은 그는 어마어마한 재벌까지는 아니더라도, 조물주 위의 건물주라는 경제적 지위를 득하고 경제적으로 윤택하게 살고 있다.

나는 2017년 2월 KB금융경영연구소가 발표한《2017 한국 1인 가구 보고서》를 본 적이 있다. 이 보고서에 의하면 현재 은퇴 및 노후를 준비하는 비중은 19.5%에 불과하다고 한다. 그리고 준비하고 있지는 않으나 노후 준비에 관심이 있다는 응답은 66.5%였다. 대부분이 은퇴나 노후준비에 관심은 많지만 실제 준비를 하고 있는 비중은 20%에 불과했다. 보고서의 결과는 실로 놀라웠다.

우리도 언젠가는 늙는다. 이것은 자명한 사실이다. 하지만 안타깝게도 많은 사람들은 '돈이 없어서', '일이 바빠서' 등의 이유로 노후대비를 제대로 하지 못하고 있다. 그리고 심지어 쓸데없는 먹방 여행이나 사치품 구입 등, 엉뚱한 곳에만 돈을 소비하고 미래 노후생활에 대해 생각하지 않는 철부지 어른들도 많다.

우리는 이렇게 노후대비를 하지 않고 사는 분들에게 감사해하며, 위 보고서의 19.5%에 들어가는 사람으로 살아야 한다. (위 보고서의 66.5%에 들어가는 분들은 나의 윤택한 노후생활 영위를 위해, 각종 수반되는 서비스를 담당하며 살아갈 가능성이 다분하다. 우리는 이들에 감사해야 한다.)

그러기 위해 우리는 우리 자신만의 노후대비 ATM기를 만들어야 한다. L모 회장의 예처럼 부동산은 우리의 노후생활에 좋은 수입원이 되어줄 것이다. 노후의 행복은 수입에 달려 있음을 우리는 일찍 깨달아야 한다.

그리고 우리는 이하라 사이카쿠의 말대로 세상 제일 재미있는 이 '돈'이라는 물건을 노후에도 계속 찍어내는 사람으로 살아야 한다. 단언컨대 부동산은 당신에게 행복한 불로소득을 안겨다주는 충신 ATM기가 되어줄 것이다.

07

평범한 직장인에서 월세 받는 직장인이 되라

세상의 많은 서적들, 조금 더 앞서나간 인류의 스승들은 한결같이 단호한 어조로 다음과 같이 말한다.

"깨어나야 한다!"

"잠을 줄여야 한다."

"그렇게 나태한 정신으로 살아서는 안 된다!"

"그렇게 나약한 마음으로는 부자가 될 수 없다!"

"그런 하찮은 인생을 살려고 당신이 지구에 온 것은 아니다!"

"부지런해야 한다!"

"열정적으로 살아야 한다. 치열하게!"

하지만 나는 조금 다른 생각을 가지고 있다. 지하철 출퇴근길에 그저 하루의 스트레스를 풀고자 게임에 열중한 사람들, 하루하루를 게으르게 살아가는 사람들, 술로 슬픔을 잊고자 방황하는 사람들, 드라마나 쇼프로에 열광하느라 많은 시간을 소비하는 사람들 등등 우리는 이런 부류의 사람들에 진심으로 감사해야 한다. 이들이 있기에 치열하게 사는 내가 좀 더 빛나고, 덜 경쟁해도 되며, 나의 성공의 속도가 빨라질 수 있기 때문이다. 세상 모든 사람이 열정적으로, 열심히, 조금도 나태하지 않고, 모두 완벽하게, 매일매일 성공하는 삶을 산다고 생각해보라. 얼마나 획일화된 사회가 펼쳐지겠는가.

나는 방금 전 말했던 무의미한 삶을 살고 있는 사람들이 실로 사회에서 중요한 포지션을 담당하고 있다고 생각한다. 이들은 부모의 재력이나 사회적 위치가 상당하지 않는 이상, 대부분 어려운 경제상황으로 내몰릴 가능성이 농후하다. 잔인한 말이겠지만, 이 사회에서 상당수는 어려운 경제상황을 꾸역꾸역 견디는 역할로 살아가줘야 한다. 아니, 사회구조는 그럴 수밖에 없는 구조다. 그리고 그들은 성공자를 부양하게 될 것이다. 그리고 그들은 고단한 생활이지만, 성공자들 덕분에 먹고살 수 있다고 안도하고 감사하고, 만족하며 생을 살아갈 것이다.

아마도 앞으로도 세상은 '경제상황이 넉넉하지 않은 사람들'을 일정 이상 필요로 할 것이다. 역사적으로 봐도 늘 그래왔듯이, 아이러니하게도 그들이 사회에서 가장 중추적인 집단이기 때문에. 하지만 나는 그러한 부류에 들어가고 싶지 않았다. 나는 특별한 사람이고 비범한 사람이니까, 그 그룹에 절대 낄 수 없다고, 끼지 않겠다고 굳게 다짐했다. 사실은 아주 평범한 사람이었음에도 불구하고.

나는 그저 그런 평범한 사람으로, 소처럼 열심히 일이나 하며, 나의 성실함을 뽐내고 인정받는 데서 멈추고 싶지 않았다. 그래서 이것저것 도전을 많이 해보았다. 그러다보니 나의 20대는 거의 대부분이 다시는 돌아가고 싶지 않은 암흑의 시대였다. 거둔 것보다는 잃은 것이 더 많은 초라한 시간이었기 때문이다.

공병호 작가의 저서 《명품 인생을 만드는 10년 법칙》에 다음과 같은 글이 있다.

'성공에는 분명한 법칙이 있다. 그것은 도전에서 시작된다. 도전하는 삶은 늘 새로운 기회를 제공하고, 새로운 시도는 항상 신선한 자극을 준다. 적당히 사는 인생은 적당한 대우밖에 받을 수 없다. 평범을 단호하게 거부하고 스스로 환경을 만들어 나가라. 자신이 가진 에너지를 전부 쏟아부어 일하라. 자신이라는 존재를 세상에 드러내고 내 인생을 일으켜 세우려는 강한 각오와 열의로 시작

하라.'

나는 이 글에서 '평범을 단호하게 거부하고 스스로 환경을 만들어 나가라'라는 작가의 말에 감명을 받았다. 특히 '평범을 단호하게 거부하고' 이 글귀는 하루하루 그저 평범하고 성실하게 '현실'이라는 감옥에 갇혀 살아가는 모든 이들에게 자극을 주는 촌철과 같은 명언일 것이다.

나는 평범한 직장인으로 살아가기가 싫었다. 타협할 수가 없었다. 대부분의 선배들을 보며 '직장인이란 퇴직금만을 향해 달려가는 필사적인 경주마'같다는 생각을 했다. 게다가 직장생활을 하며 통감했던 것 중 하나는, 직장에서 여자는 남자처럼 성공하기가 상당히 어렵다는 사실이었다. 남자가 군대로 인해 사회생활을 늦게 시작하니까, 시작은 여자가 좀 유리하다고 생각할지 모르겠지만 실상은 그렇지 않다. 여자는 결혼 이후 출산, 육아 등으로 공백이 필연적으로 생긴다. 선배들을 보니 그랬다. 이때부터 본격적으로 남자에 밀리게 되는 것이다. 물론 여자가 결혼도 출산도 육아도 포기하면 승산은 있다.

그렇다고 결혼을 하지 않으면 어떨까. 무시당한다.

"결혼을 했네, 못했네, 그게 아니라 사실은 한 번 갔다 왔네."

뒷담화 수위가 장난이 아니다. 그리고 조선시대 마인드의 상사를 만나게 된다면? 아무리 일을 잘한다 해도 커피심부름은 당연히 여자직원의 몫이라고 생각한다. 남자직원이 한가하게 있어도 절대 커피심부름 따위는 시킬 생각조차 못한다.

게다가 남자직원은 이름 내지는 직위를 불러주지만, 여자직원은 직위가 있어도 '여직원'이라는 간단한 단어로 불린다. 심지어 어떤 회사들은 여자직원과 남자직원의 초봉부터가 상당히 차이가 난다.

물론 회사는 너무나 감사하게도 월급으로 우리를 하루하루 살아가게 해준다. 하지만 나는 평범하게 살고 싶지 않았다. 나에게 부동산은 평범함을 거부하는 도구이자 수단이었다. 나는 '집주인'이라는 회사 밖 지위로, 회사 내에서의 불합리함을 잊을 수 있었다.

나는 감히 이렇게 제안하고 싶다. 평범한 직장인에서 월세 받는 직장인이 되라!

1. 집은 당신의 자부심을 지켜줄 것이며,

2. ATM기가 되어줄 것이며,

3. 남들은 엄두도 못내는 노후준비를 선물할 것이다.

지구상의 1%의 사람이 전 세계 부(富)의 96%를 벌어들인다고 한다. 나는 그 1%에 들어가는 사람이고 싶다. '부동산'이란 이 재미난 물건은 나에게 희망을 가져다주었고, 아직은 부끄럽지만 '비범한 친구, 큰손, 유지(有志, 마을이나 지역에서 명망 있고 영향력을 가진 사람), 집주인 사장님, 건물주'라는 말을 듣게 해주었다. 나는 다른 사람들도 이 재미난 물건을 편견 없이 즐겨보길 희망한다.

MEMO

MEMO

월급으로 내 집 장만하기

펴낸 날	초판 1쇄 2017년 11월 20일
지은이	이하나
펴낸이	이금석
기획 · 편집	박수진
디자인	김현진
마케팅	곽순식
경영지원	현란
펴낸 곳	도서출판 무한
출판등록	1993년 4월 2일 제3-468호
주소	서울 마포구 서교동 469-19
전화	02-322-6144 팩스 02-325-6143
이메일 안내	muhanbook7@naver.com
홈페이지	www.muhan-book.co.kr

가격 14,000원

ISBN 978-89-5601-361-9 03320